中华传统文化“新三百千”系列

读百书 志千载

曲天立 编著

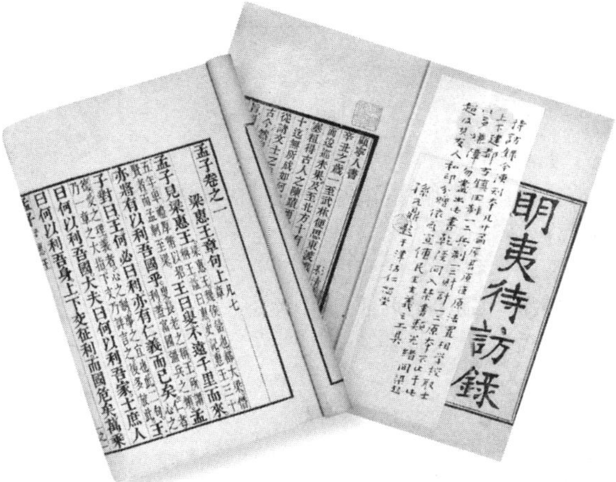

语文出版社
·北京·

图书在版编目（CIP）数据

读百书　志千载 / 曲天立编著. — 北京 ： 语文出版社，2015.8(2019.3重印）
（中华传统文化“新三百千”系列）
ISBN 978-7-5187-0206-0

Ⅰ. ①读… Ⅱ. ①曲… Ⅲ. ①汉语—格言—汇编
Ⅳ. ①H136.3

中国版本图书馆CIP数据核字(2015)第172516号

责任编辑　谢　惠
装帧设计　刘姗姗
出　　版　语文出版社
地　　址　北京市东城区朝阳门内南小街51号　100010
电子信箱　ywcbsywp@163.com
排　　版　北京杰瑞腾达科技发展有限公司
印刷装订　北京市科星印刷有限责任公司
发　　行　语文出版社　新华书店经销
规　　格　787mm × 1092mm
开　　本　1 / 16
印　　张　14.75
字　　数　195千字
版　　次　2015年9月第1版
印　　次　2019年3月第9次印刷
印　　数　35, 906- 38, 905
定　　价　28.00元

010-65253954（咨询） 010-65251033（购书） 010-65250075（印装质量）

编者的话

亲爱的同学：

祝贺你拥有并阅读此书。

中华民族灿烂的文化、辉煌的文明和非凡的智慧，是中华民族永恒的瑰宝。学习并掌握它们，你将会成为一个富有的人，一个聪明的人。

本书披沙拣金，从千万册的典籍之中，精选出近三千年间对中华历史文化有重大影响的100位贤哲和100部著作，将其精华汇编成《读百家 诵千言》和《读百书 志千载》两部书。让你用最少的时间和精力，更快、更多、更好地学习中华优秀传统文化，并把它们变成自己的精神财富。

本书将传承文化、道德教化、语言积累、文辞表达融为一体，最大程度地实现了文化经典的多种教育价值和功能。如果你能经常诵读吟咏、思考感悟、体会实践，不但能提高你的道德修养、提升你的聪明才智，更重要的是还能让你乐于表达、出口成章、文笔优美。其中种种好处妙处，当你读完本书之后，就会立刻能够真切地感受到。

一册在手，可与百名千古贤哲心灵对话；一册在手，可与百部千年经典精神沟通。这是多么幸福的事！这是多么快乐的事！

同学，努力吧！

目　录

1《周易》

《周易》，也称《易经》。据说是周文王所作。“周”是周密、周遍之意，“易”有变化之意。本书被誉为“群经之首，大道之源”，对中国文化影响深远，涵盖政治、哲学、医学、军事等学科，其思想被广泛用于现实之中。

现存《周易》分为《易经》和《易传》两部分。《易经》由64卦符号和卦爻辞构成。卦爻辞指64则卦辞和384则爻辞。《易传》为春秋战国时孔子及其弟子撰写，分为《彖传》《象传》《文言》《系辞传》《说卦传》《序卦传》《杂卦传》，共7种10篇。因阐发经文大义，如经之羽翼，故又称“十翼”。

《周易》广博精微，纲纪群伦，以64卦表示万物之变化，并附以卦爻辞加以说明。它可以说是中华文明的源泉，乃帝王之学，被认为是政治家、军事家的必修之术。

◆ 天行健，君子以自强不息。

【译文】天道的运行，为乾卦。君子观看这一卦象，要树立“自强不息”的志向。

◆ 地势坤，君子以厚德载物。

【译文】地的形势，是坤卦的象征。君子观看这一卦象，要以宽厚的德行承载万物。

◆ 仁者见之谓之仁，智者见之谓之智，百姓日用而不知，故君子之道鲜矣。

【译文】仁者见到道就将它叫作“仁”，智者见到道就将它叫作“智”，百姓每天运用却不知道它的存在，所以真正懂得圣人之道的人很少了。

◆ 文明以止，人文也。观乎天文，以察时变。观乎人文，以化成天下。

【译文】保留了文明，就是人文。观察天文，得以察觉时间的变化。观察人文，得以教化天下民众。

◆ 君子敬以直内，义以方外①，敬义立而德不孤。

【注释】①义：同“仪”。仪表，外表。

【译文】君子恭敬以使内心正直，整肃仪表以使行为端方。恭敬和仪表树立起来，品德就不会孤立。

◆ 君子学以聚之，问以辨之，宽以居之，仁以行之。

【译文】君子通过学习来蓄养其德行，学习后还有不明了的，就详细地询问考究来明辨质疑，以宽厚的态度来对待他人，以仁爱之心来行事接物。

◆ 天地革而四时成，汤武革命，顺乎天而应乎人，革之时大矣哉。

【译文】商汤革命而夏桀灭亡，周武革命而商纣灭亡，这既顺从天意而又应和人心，变革的时代意义有多么大呀。

◆ 易，无思也，无为也，寂然不动，感而遂通天下之故，非天下之至神，其孰能与于此。

【译文】《易经》所体现的道理，不是思考得来的，更不是人为地创造出来的，它寂静不动，无思无为，却能有感必应，万事皆通。如果不是天下最神妙的道理，怎能达到这种程度呢。

◆ 子曰：“君子之道，或出或处，或默或语。二人同心，其利断金。同心之言，其臭如兰。”

【译文】孔子说：“君子的道行修养，可以体现于在外做官，也可以体现于在家闲居；可以体现为沉默不语，也体现为言谈议论。两个人能够心志相同，就像锋利的刀剑可以斩断金属。心志相同的话语，像兰花一样芳香。”

◆ 子曰：“君子进德修业。忠信，所以进德也。修辞立其诚，所以居业也。是故居上位而不骄，在下位而不忧。”

【译文】孔子说：“君子增进道德建立事业。推忠于人，以信待物，德行就能够得到提升。修理文教，内心诚实，就是立业的根基。处在上位的时候不敢心怀骄慢，处在下位的时候心也不会忧闷。”

2《尚书》

《尚书》，又称《书经》，是一部上古公文资料汇编，我国现存最早的史书。按朝代分为虞、夏、商、周四部分。尚通“上”，“书”即文档、文书。战国时称《书》，汉代改称《尚书》，即“上古之书”，沿用至今。

今本《尚书》存在真伪之争。通常认为是东晋豫章内史梅赜伪造，其内容真伪参半，共59篇。按体裁分为典、谟、训、诰、誓、命等。典，帝王言行；谟，谋议国事；训，训导言辞；诰，施政文告；誓，勉励誓词；命，帝王命令。其理性精神内核：一是敬德，二是重民。

《尚书》也可以说是一部散文总集，就文学成就而言和《诗经》并列。尽管文字艰深，晦涩难懂，但观历史兴亡，可以作为现实借鉴。因此被历代统治者视为政治哲学经典，既是帝王教科书，又是贵族子弟及士大夫必修的“大经大法”。

注释和研究《尚书》的著作有：唐代孔颖达《尚书正义》、宋代蔡沈《书集传》、清代孙星衍《尚书今古文注疏》。

◆ 民惟邦本，本固邦宁。

【译文】百姓是立国的根本，根本得以稳固，国家才会安宁。

◆ 非知之难，行之惟艰。

【译文】懂得这些道理并不难，要真正做到却很不容易呀。

◆ 天矜于民，民之所欲，天必从之。

【译文】因为上天怜悯老百姓，所以百姓所期望的，上天一定会顺从。

◆ 直而温，宽而栗[①]，刚而无虐，简而无傲。

【注释】①栗：通“慄”，恐惧。

【译文】让他们正直而温和，宽容而威严，刚强但不苛虐，简易但不傲慢。

◆ 惟德动天，无远弗届。满招损，谦受益，时乃天道。

【译文】只有良好的德行能够感动上天，无论多远感召力都可以到达。自满会招致损害，谦虚会得到益处，这是天下至理。

◆ 无偏无颇，遵王之义。无有作好，遵王之道。无有作恶，遵王之路。无偏无党，王道荡荡。无党无偏，王道平平。无反无侧，王道正直。

【译文】不偏不斜，应当遵循君王的仁义。不能只顾私人利益，应当遵循君王正道而前进。不要为非作恶，要遵循君王的正路行走。不要偏私，不要偏袒，君王的道路将无比宽广。不要偏袒，不要偏私，君王的道路将无比平坦。不要反复，不要倾侧，君王的道路中正平直。

3《诗经》

《诗经》是我国第一部诗歌总集，约成书于春秋时期，收集了自西周初年至春秋中叶五百多年的诗歌305篇。先秦称《诗经》为《诗》，或取其整数称《诗三百》《三百篇》。西汉时被尊为儒家经典，称为《诗经》，并沿用至今。

《诗经》就整体而言，反映了周初至春秋中叶社会生活的面貌。其中有先祖创业的颂歌，祭祀神鬼的乐章；也有贵族之间的宴饮交往，劳逸不均的怨愤；更有反映劳动、打猎以及大量的恋爱、婚姻、社会习俗方面的动人篇章。内容上分为风、雅、颂三部分，其中“风”是地方民歌，有十五国风，共160首；“雅”主要是朝廷乐歌，分大雅和小雅，共105篇；“颂”主要是宗庙乐歌，有40首。

《诗经》的作者亦非一人，产生的地域也很广。相传周代设有采诗之官，每年春天便摇着木铎深入民间收集民间歌谣，把能够反映人民欢乐和疾苦的作品整理后交给太师（负责音乐的官员）谱曲，然后演唱给天子听，以作为施政的参考。

◆ 谁谓河广①？一苇杭之②。谁谓宋远？跂予望之③。
谁谓河广？曾不容刀④。谁谓宋远？曾不崇朝⑤。

【注释】①河：指黄河。②苇：指用芦苇编成的小筏子。杭：渡。③跂（qǐ）：踮起脚跟。④刀：同“舠”。小船。⑤崇朝：终朝，一个早晨。

【译文】谁说黄河宽又广？一只苇筏可渡航。
谁说宋国路遥远？ 踮起脚尖可望到。
谁说黄河宽又广？一条小船容不下。
谁说宋国路遥远？一个上午可走到。

◆ 青青子衿[①]，悠悠我心。纵我不往，子宁不嗣音？

青青子佩，悠悠我思。纵我不往，子宁不来？

挑兮达兮[②]，在城阙兮。一日不见，如三月兮。

【注释】①子衿：古代学生穿的服装。衿，衣领。②挑、达：来回走动。

【译文】衣领青青的那个青年人呀，我无时不把你放在心上。纵然我没有去找你，你怎么不给我一点音讯？

衣领青青的那个青年人呀，我心无时不思念着你。纵然我没有去找你，你怎么不快来找我呀？

（我）在城门楼上多少次来回地走动，来回地张望你的踪影。一天没有和你见面，时间就好像三个月那样漫长。

◆ 彼采葛兮，一日不见，如三月兮！

彼采萧兮，一日不见，如三秋兮！

彼采艾兮！一日不见，如三岁兮！

【译文】那个采葛的人呀在哪里，一天没有看见她，好像隔了三月啊！

那个采萧的人呀在哪里，一天没有看见她，好像隔了三秋啊！

那个采艾的人呀在哪里，一天没有看见她，好像隔了三年啊！

◆ 岂曰无衣？与子同袍[①]。王于兴师，修我戈矛，与子同仇。

岂曰无衣？与子同泽[②]。王于兴师，修我矛戟，与子偕作。

岂曰无衣？与子同裳[③]。王于兴师，修我甲兵，与子偕行。

【注释】①袍：长衣。行军者日以当衣，夜以当被。②泽：内衣，指今之汗衫。③裳：下衣，指战裙。

【译文】怎能说没有衣裳？我愿和你披同样的战袍。国君让我们出兵作战，且修整我们的戈与矛，我们面对的是共同的敌人！

怎能说没有衣裳？我愿和你穿同样的汗衣。国君让我们出兵作战，且修整我们的矛与戟，我愿与你一同战斗！

怎能说没有衣裳？我愿和你穿同样的战裙。国君让我们出兵作战，且修整我们的盔甲兵器，我愿与你一同前进！

4《尔雅》

《尔雅》是第一部内容和体制都比较完备的汉语词典，由汉初学者缀辑诸书旧文递增而成。

《尔雅》的意思即以雅正之言解释古语词、方言词，使之近于规范。全书共收词语4300多个，分为2091个条目。这些条目按类别分为"释诂""释言""释训""释亲""释宫""释器""释乐""释天""释地""释丘""释山""释水""释草""释木""释虫""释鱼""释鸟""释兽""释畜"等19篇。这19篇又可以分成两大类：前3篇，即"释诂""释言""释训"解释的是一般语词，类似后世的语文词典；后16篇是根据事物的类别来分篇解释各种事物的名称，类似后世的百科名词词典。

《尔雅》被认为是中国训诂的开山之作，国学大师章太炎称其为"厘正故训，纲维群籍之书"。

◆ 明明、斤斤，察也。

【译文】明明、斤斤都是描写明察的样子。

◆ 桓桓、烈烈，威也。

【译文】桓桓、烈烈都是描写威武的样子。

◆ "如切如磋"，道学也。"如琢如磨"，自修也。

【译文】"如切如磋"，比喻互相商讨砥砺；"如琢如磨"，比喻自我修养。

◆ 河南华，河西岳，河东岱，河北恒，江南衡。

【译文】黄河以南有华山，黄河以西有岳山，黄河以东有泰山，黄河以北有恒山，长江以南有衡山。

◆ 金谓之镂[1]，木谓之刻，骨谓之切，象谓之磋[2]，玉谓之琢[3]，石谓之磨。

【注释】①镂（lòu）：雕刻金属。②磋：磨治象牙。③琢：加工玉石。

【译文】雕刻金属称为镂，雕镂木器称为刻，加工骨器称为切，磨治象牙称为磋，加工玉石称为琢，加工石料称为磨。

◆ 河出昆仑虚[1]，色白。所渠并千七百一川，色黄。百里一小曲，千里一曲一直。

【注释】①虚："墟"的古字，山的基部。郭璞注："虚，山下基也。"

【译文】黄河流出昆仑山下的时候，水的颜色是白的。后汇入一千七百零一条支流，水的颜色就是黄的。黄河一百里一个小弯，一千里一弯一直。

5《礼记》

《礼记》是古代一部重要的典章制度书籍，儒家经典著作之一，为注解说明《义礼》而作，是研究古代礼制的重要文献。该书由西汉戴圣等人对秦汉以前各种礼仪著作加以辑录编纂而成，共 49 篇。所选篇章出自众手，可能是孔子弟子及其学生作品，兼收先秦其他典籍。

全书的内容主要是记载和论述先秦的汉民族礼制、礼仪，解释仪礼，记录孔子和弟子等的问答，记述修身做人的准则。49 篇分属于制度、通论、名堂阴阳、丧服、世子法、祭祀、乐记、吉事等，它阐述的思想包括社会、政治、伦理、哲学、宗教等各个方面，集中体现了先秦时的儒家思想，是研究先秦社会的重要资料。

《礼记》用记叙的方式编撰而成，体裁多样。其中一些篇章具有一定的文学价值，有的短小生动兼具哲理，有的气势磅礴、结构谨严，有的言简意赅、意味隽永，有的擅长心理描写和刻画。书中有大量哲理格言警句，精辟而深刻。与《周礼》《义礼》合称“三礼”。

◆ 傲不可长，欲不可从，志不可满，乐不可极。

【译文】傲气不可滋长，欲望不可放纵，志气不可自满，享乐不可超限。

◆ 大道之行也，天下为公。选贤与能，讲信修睦。

【译文】“大道”实行的时代，天下是天下人所共有的。选拔贤良，举荐有才能的人治理天下；讲求诚信，培养和睦气氛。

◆ 临财毋苟得[1]，临难毋苟免。很毋求胜[2]，分毋求多。疑事毋质[3]，直而勿有。

【注释】①苟：苟且，随便。②很：通“狠”。③疑事毋质：是指一旦对事情有所疑惑，切莫以既定的成见下判断。

【译文】面对财物，绝不随便取得不该得到的东西；面对危难，绝不苟且躲避应该承担的责任。与人争执时不求胜利，分配财物时不求多得。对于有疑的事情，不以自己的成见擅加判断，意见正确时也不自以为是。

◆ 博闻强识而让，敦善行而不怠，谓之君子。君子不尽人之欢，不竭人之忠，以全交也。

【译文】见闻广博、记忆力强而谦让，一贯坚持做好事而不懈怠，这样的人就称之为君子。君子不强求别人全心全意的喜欢，也不强求别人尽心竭力的忠诚，这样才能使交情得以保全。

◆ 凡学之道，严师为难[①]。师严然后道尊，道尊然后民知敬学。

【注释】①严：尊敬。

【译文】凡学习之道，最难的就是尊敬老师。老师受到尊敬，然后道才会受到尊重；道受到尊重，然后人民才知道敬重学习。

◆ 君子曰：“大德不官，大道不器，大信不约，大时不齐。察于此四者，可以有志于学矣。”

【译文】君子说：“最大的德性不局限于任何官职，最高的道理不拘泥于任何器用，最大的诚信不必符券约束，最要紧的天时不会将万物消长、荣枯、兴衰整齐划一。明白了这四项的人，就可以有志向学了。”

◆ 乐所以修内也，礼所以修外也。礼乐交错于中，发形于外。

【译文】乐是陶冶内在心性的，礼是修治外在言行举止的。礼与乐交互涵养于内心，相应于外则表现在行为当中。

◆ 子曰：“君子不以辞尽人。故天下有道，则行有枝叶；天下无道，则辞有枝叶。”

【译文】孔子说：“君子是不会因为一个人说话动听与否，而断定他贤明与否。当社会有道德的时候，人们的修养大都体现在行为方面；当社会道德沦丧时，人们的修养大多就只停留在口头上了。”

6《论语》

《论语》，儒家经典著作之一，共20卷，492章。成书于春秋战国之交，由孔子弟子及其再传弟子编辑而成。以语录体为主，集中体现了孔子的政治主张、伦理思想、道德观念及教育原则。

作为孔子及门人的言行集，《论语》内容十分广泛，是儒家学派经典之作。直到近代新文化运动之前，在两千多年的历史中，《论语》一直是中国人的初学必读之书。它是一部两千多年来深刻影响着中华民族精神面貌的伟大著作，所以也被人称为中国人的《圣经》。

《论语》作为一部优秀的语录体散文集，通过描述孔子的言行举止，刻画了其独特的人格魅力。它以含蓄隽永的语言，记述了孔子的言论。《论语》中所记孔子循循善诱的教诲之言，或简单应答，点到即止；或启发论辩，侃侃而谈；富于变化，娓娓动人。

南宋时，朱熹将它与《孟子》《大学》《中庸》合称为“四书”。与《诗经》《尚书》《礼记》《周易》《春秋》合称“五经”。

◆ 子曰：“无欲速，无见小利，欲速则不达，见小利则大事不成。”

【译文】孔子说：“不要贪图快速，不要只看到小利。贪图快速，反而不能达到目的；只看见小利，那么大事就不能成功。”

◆ 子曰：“主忠信，毋友不如己者，过则勿惮改。”

【译文】孔子说：“恪守忠诚信实的道德，不与道德上不如自己的人交往，有了错误就不要怕改正。”

◆ 子贡曰：“君子之过也，如日月之食焉：过也，人皆见之；更也，人皆仰之。”

【译文】子贡说：“君子的过错好像日食月食那样：犯了过错，人人都能看到；改了过错，人人都能敬仰。”

◆ 子贡曰：“贫而无谄，富而无骄，何如？”子曰：“可也；未若贫而乐，富而好礼者也。”

【译文】子贡说：“贫穷却不谄媚，富有却不骄纵，人能做到这些怎么样？”孔子说：“可以了。但是却不如贫穷也能安然自乐，富贵也能谦逊好礼。”

◆ 子夏曰：“博学而笃志，切问而近思，仁在其中矣。”

【译文】子夏说：“广泛地学习，而且能坚定自己的意志；诚恳地提问，而且深刻地思考，仁就在这里面了。”

◆ 子路曰：“愿闻子之志。”子曰：“老者安之，朋友信之，少者怀之。”

【译文】子路说：“愿意听听先生您的志向。”孔子说：“我的志向是，对老年人加以安抚，对朋友们加以信任，对少年人加以爱护。”

◆ 子曰：“十室之邑①，必有忠信如丘者焉，不如丘之好学也。”

【注释】①邑：城市，都城。

【译文】孔子说：“只有十户人家的地方，一定有像我这样尽心诚信的人，只是没有比我更好学的人。”

◆ 叶公问孔子于子路，子路不对。子曰：“女奚①不曰：其为人也，发愤忘食，乐以忘忧，不知老之将至云尔②。”

【注释】①奚：为何。②云尔：如此罢了。

【译文】叶公向子路询问孔子是个怎样的人，子路不答。孔子说：“你为什么不这样说，他这个人呀，发愤用功，连吃饭都不记得；自得其乐，忘掉了一切忧愁，以至于连自己快要老了都不知道，如此罢了。”

7《孟子》

《孟子》共7篇，14卷，是一部语录体散文集，约成书于战国中后期，由孟子及其弟子共同编著。宋代时，列为“十三经”之一。

孟子名轲（前372？—前289），战国邹国人，儒家学派代表人物，继承并发展了孔子的思想，被称为“亚圣”。他认为人性本善，强调人格完善，其学说与孔子学说称为“孔孟之道”。主张实行“仁政”而成“王道”，提出“民贵君轻”的民本思想。他曾游历诸国，其学说被认为“迂远而阔”，最终没有得到实行。晚年退居讲学，“序诗书，述仲尼之意，作《孟子》七篇”。

《孟子》一书气势磅礴，如滔滔泉涌，喜用排比，善于说理，行文流畅，绝不滞涩生硬，“笔锋中常带感情”。其中关于个人修养和古诗理解的观点，影响后世颇多。注本有南宋朱熹《孟子集注》、清焦循《孟子正义》、清阮元《十三经注疏》。

◆ 孟子曰：“人有恒言，皆曰‘天下国家’。天下之本在国，国之本在家，家之本在身。”

【译文】孟子说：“人们有句老话，都说：‘天下国家。’天下的基础在国，国的基础在家，家的基础在个人。”

◆ 夫人必自侮，然后人侮之；家必自毁，而后人毁之；国必自伐，而后人伐之。

【译文】人一定先是自取侮辱，然后别人才侮辱他；家一定先是自毁，然后别人才毁掉它；国一定先是自己招惹攻伐，然后别人才攻伐它。

◆ 孟子曰："万物皆备于我矣。反身而诚，乐莫大焉。强恕而行，求仁莫近焉。"

【译文】孟子说："一切在我身上都具备了。反省自身然后使自己变得诚实，这是最大的快乐。勉励自己依从推己及人的恕道行事，这是最近的求仁之路了。"

◆ 孟子曰："无为其所不为，无欲其所不欲，如此而已矣。"

【译文】孟子说："不要做自己不想做的事，不要希望得到自己不想要的东西，这样就可以了。"

◆ 孟子曰："道在迩而求诸远①，事在易而求诸难——人人亲其亲，长其长，而天下平。"

【注释】①迩：近。

【译文】孟子说："道就在近处，却往远处去找它；事情本来容易，却往难处去做它——其实只要人人敬爱自己的双亲，尊敬自己的长辈，天下就太平了。"

◆ 无恻隐之心，非人也；无羞恶之心，非人也；无辞让之心，非人也；无是非之心，非人也。

【译文】如果一个人没有同情怜悯之心，就不能算作是人；没有羞耻之心，就不能算作是人；没有辞谢谦让之心，就不能算作是人；没有明辨是非之心，就不能算作是人。

◆ 君子有三乐，而王天下不与存焉。父母俱存，兄弟无故①，一乐也；仰不愧于天，俯不怍于人②，二乐也；得天下英才而教育之，三乐也。

【注释】①故：变故，如灾难、祸患、死亡、疾病等。②怍（zuò）：惭愧。

【译文】君子有三种乐事，但称王天下并不在其中。父母都健在，兄弟没有灾祸，这是第一件乐事；抬头无愧于天，低头无愧于人，这是第二件乐事；得到天下的优秀人才而去教育他们，这是第三件乐事。

8《老子》

《老子》，又称《道德经》《道德真经》《五千言》《老子五千文》，为春秋时期的老子所作的语录体散文。共81章，分为“道经”和“德经”两部分。凡五千言，谈玄说妙，文简意丰，涵盖古今。内容涵盖哲学、伦理学、政治学、军事学等诸多学科，被誉为“万经之王”。本书由形而上的“道”，谈及圣人之道以及修养之道，蕴含高深境界和丰富哲理，真正理解并加以运用，可以修养身心，处世治国。

老子（生卒年不详），姓李名耳，字伯阳，生活于春秋后期。据说是周朝史官，后出函谷关西去。因其深邃的哲学思想，老子被称为“中国哲学之父”。庄子因为发扬了道家思想，和老子并称“老庄”。老庄所代表的道家学说，深刻影响了中国哲学的发展，对中国两千多年来思想文化的发展产生了深远的影响。

唐朝时，《老子》一书成为“道教三经”之首，即《道德经》《南华经》(《庄子》)与《冲虚经》(《列子》)。在五千年来的传统文化中，道家老庄之学举足轻重。清代纪晓岚对道家学术评之为“综罗百代广博精微”，认为道家思想包罗众多、精细玄妙，涵盖了中国数千年文化的精髓。

◆ 富贵而骄，自遗其咎，功成身退，天之道。

【译文】人富贵之后就会骄傲，那是自寻祸殃。所以功成名就之后就自行引退，这是上天的规律。

◆ 是以圣人方而不割，廉而不刿①，直而不肆②，光而不耀。

【注释】①刿（guì）：割伤，刺伤。②肆（sì）：放纵，任意行事。

【译文】因此，有道的圣人方正而不生硬，有棱角而不伤害人，直率而不放肆，光亮而不刺眼。

◆ 持而盈之，不如其已。揣而锐之，不可长保。金玉满堂，莫之能守。富贵而骄，自遗其咎。

【译文】执持盈满，不如适时停止；显露锋芒，锐势难以保持长久。金玉满堂，不一定能守藏；富贵而骄横，那是给自己留下了祸根。

◆ 图难于其易，为大于其细。天下难事，必作于易；天下大事，必作于细。

【译文】在容易之时谋求难事，在细微之处成就大事。天下的难事，必须从容易时做起；天下的大事，必须从细微处着手。

◆ 贵以身为天下，若可寄天下；爱以身为天下，若可托天下。

【译文】只有将自己看得贵于天下的人，才可以担当治理天下的重任；只有爱自身胜过爱天下的人，才可以托付天下给他。

◆ 善为士者不武，善战者不怒，善胜敌者不与，善用人者为天下，是谓不争之德，是谓用人之力。

【译文】善于担当勇士的人并不炫耀自己的勇武，善于作战的人并不表现出他的愤怒，善于打胜仗的人并不直接参与战争（或并不与人交锋），善于用人的人治理天下，这叫作不与人争的德行，这叫作善于利用他人之力。

◆ 将欲翕之①，必固张之；将欲弱之，必固强之；将欲废之，必固兴之；将欲夺之，必固与之。

【注释】①翕（xī）：合上。

【译文】将要收起它，必须暂且张开它；将要削弱它，必须暂且增强它；将要废弃它，必须暂且兴起它；将要剥夺它，必须暂且赠与它。

◆ 我有三宝，持而保之。一曰慈，二曰俭，三曰不敢为天下先。慈故能勇；俭故能广；不敢为天下先，故能成器长。

【译文】我有三件法宝执守而且保全它：第一件叫作慈爱；第二件叫作节俭；第三件是不敢居于天下人的前面。柔慈，所以能勇武；节俭，所以能大方；不敢居于天下人之先，所以能成为万物的首长。

9《庄子》

《庄子》也称《南华经》，道家经典著作，和《周易》《老子》并称"三玄"。本书风格独特，不拘一格，想象奇特，文笔多变，采用大量寓言故事，富于幽默讽刺，"意出尘外，怪生笔端"，构成了超常而特有的想象世界，极有独创力。鲁迅《汉文学史纲要》说："其文汪洋闔辟，仪态万方，晚周诸子之作，莫能先也。"

庄子（前369？—前286），名周，字子休，号南华真人。战国时宋国人，道家学派代表人物，著名思想家、文学家。祖上因楚国内乱，迁至宋国。庄子做过地方漆园吏，因崇尚自由而不应楚威王之聘。主张天人合一，清静无为，后世将他与老子并称"老庄"。

今存《庄子》33篇，分为内篇、外篇、杂篇。一般认为内篇是庄子所著，大体代表庄子思想核心；外篇为庄子及其弟子所写，反映了庄子的真实思想；杂篇则是庄子学派托名而作。内篇以《逍遥游》《齐物论》《大宗师》《养生主》为代表。

◆ 夫列子御风而行①，泠然善也②，旬有五日而后反。彼于致福者③，未数数然也。此虽免乎行，犹有所待者也。

【注释】①列子：列御寇，战国时期郑人。御风：乘风。②泠（líng）然：轻妙的样子。③彼：指列子。致：求，得。福：福报。

【译文】列子乘风漫游，轻松美妙极了，过了半个月才回来。他对于祈求福报的事，并没有汲汲去追求。列子虽然可以免于步行，但仍然是有所凭借的。

◆ 道昭而不道，言辩而不及，仁常而不成，廉清而不信，勇忮而不成[1]。

【注释】①忮（zhì）：害，嫉妒，狠。

【译文】道一旦说得明明白白也就不是大道了，言语辨析得周详也有所不及，仁爱经常流露也就不能保全了，过于廉洁清纯人家也就不信了，勇敢达到伤人的地步也就不是真正的勇敢了。

◆ 泽雉十步一啄[1]，百步一饮，不蕲畜乎樊中[2]。神虽王[3]，不善也。

【注释】①雉（zhì）：俗称"野鸡"，雄的尾长，羽毛鲜艳美丽。啄：鸟类用嘴叩击并夹住东西。②蕲（qí）：求。樊：笼。③王：通"旺"，旺盛。

【译文】沼泽中的野鸡走出十步才啄到一口食，走出百步才饮到一口水，但它并不祈求被养在笼子里。在笼中精神虽然旺盛，但并不自由。

◆ 筌者所以在鱼[1]，得鱼而忘筌；蹄者所以在兔[2]，得兔而忘蹄；言者所以在意，得意而忘言。

【注释】①筌（quán）：捕鱼的竹器。②蹄：捕兔的网。

【译文】竹笼是用来捕鱼的，有人捕到了鱼却忘了竹笼；兔网是用来捕兔的，有人捕到兔子却忘了兔网；语言是用来表达思想的，有人领会了思想却忘了语言。

◆ 不离于宗，谓之天人；不离于精，谓之神人；不离于真，谓之至人。以天为宗，以德为本，以道为门，兆于变化，谓之圣人。

【译文】不背离大道的本质之人，称为天人；不背离大道精纯之人，称为神人；不背离大道本真之人，称为至人。以自然为主宰，以德性为根本，以大道为门径，预知变化征兆之人，称为圣人。

10《墨子》

《墨子》是记载墨子言行，阐述墨子思想的著作，原有71篇，现存53篇，约成书于战国至汉初期间，一般认为是墨子的弟子及后学记录、整理、编纂而成。作者墨子（生卒年不详），名翟（dí），春秋末期战国初期小邾娄国人（山东滕州），墨家学派的创始人，战国时期著名的思想家、教育家、科学家、军事家。墨子创立了墨家学说，墨家在先秦时期影响很大，与儒家并称“显学”，在当时的百家争鸣中有“非儒即墨”之称。

《墨子》一书的内容极为庞杂，主要论述了墨家的政治思想、伦理思想、经济思想和哲学思想，涉及部分社会科学乃至自然科学的有关知识以及军事思想。在政治思想上，墨家主张任人唯贤的用人原则，反对任人唯亲；在伦理思想上，墨子主张“兼相爱，交相利”，人们不分贵贱，都要互爱互利；墨家哲学思想的最大贡献是认识论，墨子主张把知识分为“闻知”“说知”“亲知”三类，“闻知”是传授的知识，“说知”是推理的知识，“亲知”是实践经验的知识；在军事思想上，墨子提倡“兼爱”“非攻”，反对侵略战争。

◆ 子墨子曰：“天下从事者，不可以无法仪。无法仪而其事能成者，无有也。”

【译文】墨子说：“全天下做各种职业的人，都不能没有准则。没有准则而能把事情做成功，那是没有的。”

◆ 名不可简而成也，誉不可巧而立也。君子以身戴行者也。

【译文】名声不会因简略而获得，荣誉也不会因机巧而建立。君子是以身体力行来达到的。

◆ 故天子者，天下之穷贵也，天下之穷富也。故于富且贵者，当天意而不可不顺。顺天意者，兼相爱，交相利，必得赏。反天意者，别相恶，交相贼，必得罚。

【译文】因此天子是全天下最尊贵的人，也是全天下最富有的人。所以对于富有而且尊贵的人，面对天意就不可不顺从。顺从天意的人，相互关爱，交相得利，必定会得到奖赏。违反天意的人，互相厌恶，交相残害，必定会得到惩罚。

◆ 子墨子曰："古之圣王，欲传其道于后世，是故书之竹帛，镂之金石，传遗后世子孙，欲后世子孙法之也。今闻先王之遗而不为，是废先王之传也。"

【译文】墨子说："古代的圣王，想把他们的道义传于后世，所以把它写在竹帛上，雕刻在金属和石头上，流传给后世子孙，想让后世子孙来效法。现在的人听说了先王的道义却不去实行，这是废弃了先王流传下来的道义啊！"

11《大学》

《大学》是儒家经典的“四书”之一，相传为孔子弟子曾参（前505—前434）所作。唐代将《大学》《中庸》看作是与《孟子》《易经》同等重要的“经书”；宋代朱熹将《大学》《中庸》《论语》《孟子》并称“四书”。

《大学》着重讨论个人修养与社会治乱的关系，以明德、亲民、止于至善为修养的目标，后人称之为“三纲领”；又提出实现天下大治的八个步骤：格物、致知、诚意、正心、修身、齐家、治国、平天下，后人称之为“八条目”，进一步服务于理学思想。

按朱熹和宋代另一位著名学者程颐的看法，《大学》是孔子及其弟子门徒留下来的遗录。理学创始人程颢、程颐非常重视《大学》，称之为“孔氏之遗书，而初学入德之门也”。朱熹把它列为“四书”之首。

◆ 大学之道，在明明德，在亲民，在止于至善。

【译文】大学的宗旨，在于弘扬光明正大的品德，在于使人弃旧向新，在于使人的道德达到最完善的境界。

◆ 知止而后有定，定而后能静，静而后能安，安而后能虑，虑而后能得。

【译文】知道应该达到的境界才能够使自己志向坚定；志向坚定才能够镇静不躁；镇静不躁才能够心安理得；心安理得才能够思虑周详；思虑周详才能够有所收获。

◆ 是故君子有诸己而后求诸人[1]，无诸己而后非诸人。所藏乎身不恕[2]，而能喻诸人者[3]，未之有也。

【注释】①诸："之于"的合音。②恕：即恕道。③喻：晓谕。

【译文】所以，品德高尚的君子总是自己先做到，然后才要求别人做到；自己先不这样做，然后才要求别人不这样做。如果自己不采取这种推己及人的恕道，而晓谕他人按自己的意思去做，那是未曾有过的。

◆ 同游而不见爱者，吾必不仁也；交而不见敬者，吾必不长也；临财而不见信者，吾必不信也。三者在身曷怨人[1]！

【注释】①曷（hé）：为什么。

【译文】与朋友在一起交游而不被喜爱，一定是自己不够仁爱；与人交往而不被尊敬，一定是自己没有敬重别人；面临财物而不被信任，一定是自己没有信任别人。这三种情况发生在自己身上，为什么埋怨别人呢？

◆ 曾子[1]曰："十目所视，十手所指，其严乎！"富润屋[2]，德润身[3]，心广体胖[4]。故君子必诚其意。

【注释】①曾子：孔子弟子，名参，字子舆。②润屋：修饰房屋。③润身：修养自身。④心广体胖：心胸宽广，身体安适舒泰。朱熹注："胖，安舒也。"

【译文】曾子说："十只眼睛看着你，十只手指点着你，这是多么可怕啊！"财富能润饰房屋，道德却可以润饰身心，心胸宽广，而身体自然安适舒泰。所以君子一定要使自己的意念真诚。

◆ 古之欲明明德于天下者，先治其国；欲治其国者，先齐其家[1]；欲齐其家者，先修其身[2]；欲修其身者，先正其心；欲正其心者，先诚其意；欲诚其意者，先致其知[3]，致知在格物[4]。

【注释】①齐其家：治理好自己的家庭或家族。②修其身：修养自身的品性。③致其知：使自己获得知识。④格物：认识、研究万事万物的道理。

【译文】古代那些想要在天下弘扬光明正大品德的人，先要治理好自己的国家；想要治理好自己的国家，先要管理好自己的家庭和家族；想要管理好自己的家庭和家族，先要修养自身的品性；想要修养自身的品性，先要端正自己的心思；想要端正自己的心思，先要使自己的意念真诚；想要使自己的意念真诚，先要使自己获得知识，获得知识的途径在于认识、研究万事万物的道理。

12《中庸》

《中庸》是儒家经典的“四书”之一。原是《礼记》第三十一篇，成书约在战国末期至西汉之间，相传作者为战国时孔子后裔子嗣子思。宋朝的儒学家对“中庸”非常推崇，将其从《礼记》中抽出独立成书。南宋朱熹作《中庸章句》，将其与《论语》《孟子》《大学》合编为“四书”。

“中庸”主张处理事情不偏不倚，认为过犹不及，是儒家核心观念之一。全书集中讲述性情与道德修养，肯定“中庸”是道德行为的最高准则。“至诚无息”，强调“诚”，认为“诚”是实现“中庸之道”的关键，将“诚”看作是世界的本体，并提出“博学之，审问之，慎思之，明辨之，笃行之”的学习过程和认知方法。

《中庸》通篇都在告诫我们要至诚至性，率性而为，行乎当行，止乎当止，并且不厌其烦地列举各种例子，感情充沛地赞美“圣人之道”。书中“上不怨天，下不尤人”“行远必自迩，登高必自卑”“凡事豫则立，不豫则废”等成为习见的成语，足见本篇有丰富的思想内容。《中庸》是宋以后儒者研读的重点。

◆ 博学之，审问之，慎思之，明辨之，笃行之。

【译文】广泛学习，详细询问，周密思考，明确辨别，切实实行。

◆ 子曰：“舜其大孝也与！德为圣人，尊为天子，富有四海之内，宗庙飨之①，子孙保之②。”

【注释】①宗庙：古代天子、诸侯祭祀先王的地方。飨（xiǎng）：一种祭祀形式。②子孙：指舜的后代虞思、陈胡公等。

【译文】孔子说："舜可以说是个大孝之人了吧！论德行他是圣人，论地位他是尊贵的天子，论财富他拥有整个天下，后世在宗庙里祭祀他，子子孙孙都保持他的功业。"

◆ 子曰："好学近乎知，力行近乎仁，知耻近乎勇。知斯三者，则知所以修身；知所以修身，则知所以治人；知所以治人，则知所以治天下国家矣。"

【译文】孔子说："爱好学习就接近智了，努力行善就接近仁了，知道羞耻就接近勇了。知道这三点，就知道怎样修养自己；知道怎样修养自己，就知道怎样治理他人；知道怎样治理他人，就知道怎样治理天下和国家了。"

◆ 故至诚无息①。不息则久，久则征②，征则悠远，悠远则博厚，博厚则高明。

【注释】①无息：不间断，不休止。②征：征验，显露于外。

【译文】所以，至诚是没有止息的。没有止息就会保持长久。保持长久就会显露出来，显露出来就会悠久长远，悠久长远就会广博深厚，广博深厚就会高大光明。

◆ 大哉圣人之道，洋洋乎发育万物，峻极于天，优优大哉！礼仪三百，威仪三千，待其人而后行。故曰：苟不至德，至道不凝焉。

【译文】伟大啊圣人之道，浩瀚广大而发育万物，它的高峻直达于天，多么充裕伟大啊！主要礼仪三百条，细小礼仪三千条，都有待于圣人来施行。因此说，如果不具备最高的德行，最高的道理也就不会凝聚。

◆ 故君子尊德性而道问学，致广大而尽精微，极高明而道中庸。温故而知新，敦厚以崇礼。是故居上不骄，为下不倍。国有道，其言足以兴；国无道，其默足以容。

【译文】因而君子要尊崇德行而追求学问，达到广博境界而又穷尽精微之理，极端高明而又讲究中庸之道。温习已有知识而能从中得到新知，敦厚而又推崇礼仪。所以居于上位而不骄傲，居于下位而不背叛。国家政治清明，他的言论足以振兴国家；国家政治黑暗，他的沉默足以保全自身。

◆ 凡事豫则立[1]，不豫则废。言前定则不跲[2]，事前定则不困，行前定则不疚[3]，道前定则不穷。

【注释】①豫：旧同“预”。预备，准备。②跲（jiá）：绊倒。此处指说话不顺畅。③疚：惭愧。

【译文】任何事情，事先有准备就会成功，没有准备就会失败。说话先有准备，就不会语言不畅；做事先有准备，就不会出现困窘；行动先有准备，就不会后悔；道路预先选定，就不会走投无路。

13《曾子》

《曾子》是记录曾子言行的儒家经典作品，由曾子及其弟子编撰而成。曾子（前505—前436），名参，字子舆，春秋末期著名思想家、教育家，今山东嘉祥县人。16岁拜孔子为师，勤奋好学，颇得孔子真传。曾子上承孔子之道，下开思孟学派。

《曾子》成书于春秋时期，对早期儒家中关于政治伦理的内容加以深化，适应了封建宗法社会的需要，并作了系统论证。曾子重视个人道德修养，提出“吾日三省吾身”的观点；推行孝道，提出“夫孝者，天下之大经”，并提出三种不同的孝，即大孝、中孝、小孝；提倡仁政思想，进一步发展了孔子的仁政思想，并提出“三至”“七教”为之服务。

《曾子》从个人道德修养为出发点，以齐家、治国、平天下为指归，全面继承了孔子的政治伦理思想，对儒家学说的发展做出了很大的贡献。

◆ 曾子曰：“戒之戒之！出乎尔者也，反乎尔者也。”

【译文】曾子说：“要引以为戒，要引以为戒呀！你怎样对待人家，人家就会怎样对待你。”

◆ 曾子曰：“吾日三省吾身：为人谋而不忠乎？与朋友交而不信乎？传不习乎？”

【译文】曾子说：“我每天多次反省自己：替别人筹划事情有没有尽心尽力？与朋友交往是不是诚信？老师传授的知识有没有温习？”

◆ 曾子曰："晋楚之富，不可及也。彼以其富，我以吾仁；彼以其爵，我以吾义。吾何慊乎哉[1]？"

【注释】①慊（qiàn）：不满足。

【译文】曾子说："晋楚两国的财富，我是没法比的。他凭借财富，我凭借仁爱；他凭借爵位，我凭借道义。我有什么不满足呢？"

◆ 曾子曰："君子不倡流言，不折辞，不陈人以其所能。言必有主，行必有法，亲人必有方。多知而无亲，博学而无方，好多而无定者，君子弗与也。"

【译文】曾子说："君子不倡导流言，说话不打折扣，不在别人面前陈述自己的才能。说话一定有主心骨，行动一定有所取法，亲近他人一定要有正确的方法。知识多而不能亲自践行，学问广博而没有常道，爱好众多而不能专精，这些都是君子所不赞成的。"

14《子思》

《子思》是极富思辨色彩的儒家经典著作，出自子思门徒之手，经后人增损、润色。现存6卷，与孔子的哲学思想体系一脉相承。孔伋（前483—前402），字子思，又称“子思子”，孔子的嫡孙、孔鲤的儿子。战国前期儒家代表人物，师承曾子，并将儒学传于孟子，故后人把子思、孟子并称为“思孟学派”。

《子思》所传达的思想极富思辨色彩，论述了“天命之谓性，率性之谓道”的天道观；提出“喜怒哀乐之未发，谓之中；发而皆中节，谓之和。中也者，天下之太平也；和也者，天下之达道也。致中和，天地位焉，万物育焉”的中和之道；以及人性的理性规律与客观存在规律的主客观统一的“合外内之道”。同时，倡导“诚者，天下之道也”的诚信修养；还极力强调主观努力的意义，它的名言“凡事预则立，不预则废”就是儒学传统中大量保福避祸方案的哲学概括。

◆ 子思曰：“自诚明谓之性，自明诚谓之教。诚则明矣，明则诚矣。”

【译文】子思说：“由诚实而自然明白道理，这叫作本性；由明白道理而后诚实，这叫作教化。诚，就会明白道理，明白道理就会诚实。”

◆ 孟轲问子思曰：“尧舜文武之道，可力而致乎？”子思曰：“彼，人也；我，人也。称其言，履其行，夜思之，昼行之，滋滋焉，汲汲焉，如农之赴时，商之趋利，恶有不至者乎？”

【译文】孟轲问子思说：“尧舜文武之道，可以通过努力而实现吗？”子思说："尧舜文武是人，我也是人。只要我们口述尧舜文武之言，践履尧舜文武的德行，晚上思考尧舜文武之道，白天实践尧舜文武之道，孜孜不倦地实践，急切地追求，像农夫赶农时、商人追逐利润一样，哪有不能实现的道理？"

15《荀子》

《荀子》是战国末年著名唯物主义思想家荀况的著作。今存 32 篇，旨在总结当时学术界的百家争鸣和自己的学术思想，其文擅长说理，组织严密，分析透彻，善于比喻，常用排比增强气势，语言丰富精练，有较强的说服力和感染力。荀子文章说理透辟，结构严谨，气势浑厚，多用排比和比喻。荀子学识广博，论证中多引儒家经典文句，行文又汲取战国纵横家之长处，故行文句式整齐，辞采宏富，注重修辞的运用，语言颇具韵律美和形象美。荀子是第一个使用赋的名称和用问答体写赋的人，同屈原一起被称为辞赋之祖。

荀子（前 313？—前 238），名况，汉族，战国末期赵国人，著名思想家、文学家、政治家。时人尊而号为“卿”，西汉时因避汉宣帝刘询讳，故又称“孙卿”，先秦儒家思想的集大成者。曾三次出任齐国稷下学宫的祭酒，后为楚兰陵（今山东兰陵）令。荀子对儒家思想有所发展，提倡性恶论，否认天赋的道德观念，强调后天环境和教育对人的影响。韩非、李斯都是他的学生。

◆ 君子之学也，入乎耳，箸乎心，布乎四体，形乎动静。

【注释】箸（zhù）：刻。

【译文】君子为学，听在耳里，记在心上，外散于身体仪态之中，而表现于一举一动之间。

◆ 君子敬其在己者而不慕其在天者，是以日进也；小人错其在己者而慕其在天者，是以日退也。

【译文】君子敬重自己努力的人，而不羡慕靠天生存的人，因此能日益进步；

小人以为错在自己，而羡慕靠天生存的人，因此日益退步。

◆ 志意修则骄富贵，道义重则轻王公，内省而外物轻矣。

【译文】志向美好就能傲视富贵，看重道义就能藐视天子、诸侯；注重内心反省，那么身外之物就微不足道了。

◆ 故君子耻不修，不耻见污；耻不信，不耻不见信；耻不能，不耻不见用。是以不诱于誉，不恐于诽，率道而行，端然正己，不为物倾侧：夫是之谓诚君子。

【译文】所以君子把自己的品德不好看作耻辱，而不把被人污蔑看作耻辱；把自己不诚实看作耻辱，而不把不被信任看作耻辱；把自己无能看作耻辱，而不把不被任用看作耻辱。因此，君子不被荣誉所诱惑，也不被诽谤所吓退，遵循道义来做事，严肃地端正自己，不被外界事物弄得神魂颠倒，这叫作真正的君子。

16《春秋繁露》

《春秋繁露》是阐释儒家经典《春秋》之书。作者董仲舒（前179—前104），汉广川郡（今衡水景县广川镇大董古庄）人，西汉时代最重要的政治哲学家，也是中国历史上影响极大的重要思想家之一，上承孔子，下启朱熹，是儒学发展中的关键人物。

全书共17卷，82篇，集中表现了董仲舒的政治哲学思想，包括："为臣之义在于忠诚无僭越""攘夷狄意在先治诸夏而后统一夷狄""王道、人道实际共为一套和谐治国之理念"的治国理论；"天人合一""君权神授"等哲学思想；推崇公羊学，发挥"春秋大一统"之旨；宣扬"性三品"的人性论、"王道之三纲可求于天"的伦理思想以及赤黑白三统循环的历史观。《春秋繁露》为汉代中央集权的封建统治制度奠定了理论基础。

◆ 仁之法在爱人，不在爱我；义之法在正我，不在正人；我不自正，虽能正人，弗予为义；人不被其爱，虽厚自爱，不予为仁。

【译文】仁的法则在爱别人，不在爱自我；义的法则在端正自我，不在端正别人。自己不正，即使能端正别人，也不能算义；别人没有受到爱，即使非常爱自己，也不承认为仁。

◆ 天德施，地德化，人德义。天气上，地气下，人气在其间。

【译文】天的德性是施与，地的德性是化生，人的德性是仁义。天的气在上面，地的气在下面，人的气在它们中间。

◆ 是以天下之道者，皆言内心其本也。故仁人之所以多寿者，外无贪而内清净，心和平而不失中正，取天地之美，以养其身，是其且多且治。

【译文】所以天下养生有道的人，都说内心是根本。有仁德的人之所以大多长寿，其原因是不贪求外物而内心清静，心境平和而保持中正，撷取天地美好的东西来滋养自己的身体，因此他的内气充沛且有条理。

◆ 世治而民和，志平而气正，则天地之化精，而万物之美起。

【译文】社会太平则民众和谐，心意平静则气正直，那么天地的化育就精妙，各种美好的事物就会产生。

◆ 古之造文者，三画而连其中，谓之王；三画者，天地与人也，而连其中者，通其道也，取天地与人之中以为贯，而参通之，非王者孰能当是？

【译文】古时候造字的人，先写三画然后在中间把它们连接起来，就叫作“王”字。其中，三画代表天、地和人，而把当中连接起来就是贯通它们的道理。选取天、地和人的中间而把三者贯通起来，不是王者怎么能做到这种事情呢？

◆ 以仁安人，以义正我，故仁之为言人也，义之为言我也，言名以别矣。仁之于人，义之于我者，不可不察也。

【译文】用仁安定别人，用义端正自我，所以，仁是用来表述怎样对待别人的，义是用来表述怎样对待自我的，一说出名称就已经区别开来了。用仁对待别人，用义对待自我的关系，是不可以不明察的。

◆ 君子求仁义之别，以纪人我之间，然后辨乎内外之分，而着于顺逆之处也。是故内治反理以正身，据礼以劝福，外治推恩以广施，宽制以容众。

【译文】君子寻求仁与义的区别，用来调节别人与自我的关系，然后辨清内与外的分别，表明顺与逆的所在之处。因此，在对待自我方面，他依据道理端正自身，所作所为都照礼的规定行事，以求取更多的幸福；在对待别人方面，则把恩德扩大，广泛地施与别人，宽厚而能容纳大众。

17《贾谊新书》

《贾谊新书》，又称《贾子新书》，是西汉贾谊的文集，多数为论文，也有答问和告诫之语。刘向整理编辑而成。班固《汉书·艺文志》记："贾谊五十八篇。"现存最早版本是明版的，为仿宋本所刻。《四库提要》认为"其书不全真，亦不全伪"。普遍认为基本保持刘向编辑原貌，可能也有后人改动之处。

贾谊（前200—前168），西汉初年著名政论家、文学家。年轻时就已成名，被汉文帝召为博士，不到一年被提为太中大夫。因遭群臣忌恨，被贬为长沙王太傅。后被召回长安，为梁怀王太傅。梁怀王坠马而死，贾谊深自歉疚，忧伤而死。其著作主要有散文和辞赋两类，散文有《过秦论》《论积贮疏》《陈政事疏》，辞赋有《吊屈原赋》《鹏鸟赋》。

◆ 闻之于政也，民无不为本也。国以为本，君以为本，吏以为本。故国以民为安危，君以民为威侮，吏以民为贵贱。

【译文】听说治理国政，没有不把人民当作根本的。国家以人民为根本，君主以人民为根本，官吏以人民为根本。所以国家依靠人民决定是安还是危，君主依靠人民决定是有威望还是受欺侮，官吏依靠人民决定是高贵还是低贱。

◆ 秦王置天下于法令刑罚，德泽亡一有，而怨毒盈于世，下憎恶之如仇，祸几及身，子孙诛绝，此天下之所共见也。

【译文】秦始皇把国家安置于法令、刑罚之上，德和恩没有一样，因而怨恨充斥天下，百姓憎恶他如同对待仇敌一样，几乎祸及自身，子孙被灭绝，这是天下人有目共睹的。

◆ 汤曰："学圣王之道者，譬其如日；静思而独居，譬其若火。夫舍学圣之道而静居独思，譬其若去日之明于庭，而就火之光于室也。然可以小见，而不可以大知。"

【译文】商汤说："学习圣王的道，好比是太阳；独自苦思冥想，好比是火。放弃学习圣王的道却去独自苦思冥想，好比在厅堂上离开明亮的太阳，到房间里接近火的光亮，这样可以获得小的知识而不能获得大的智慧。"

◆ 亲与巨贤连席而坐，对膝相视，从容谈语，无问不应，是天降大命以达吾德也。吾闻之曰：时难得而易失也。学者勉之乎！天禄不重。

【译文】亲自与大贤同席而坐，促膝相视，从容交谈，没有问题得不到回答，这是上天降下重大的使命来启发我们的美德。我听说过：时机难得而容易错过。学子们努力啊！上天赐予的福禄不会重复到来。

◆ 帝舜曰："吾尽吾敬而以事吾上，故见谓忠焉；吾尽吾敬以接吾敌①，故见谓信焉；吾尽吾敬以使吾下，故见谓仁焉。是以见爱亲于天下之人，而见归乐于天下之民，而见贵信于天下之君。故吾详取之以敬也，吾得之以敬也。"故欲明道而谕教，唯以敬者为忠必服之。

【注释】①敌：地位相等的人。

【译文】帝舜说："我用全部的恭敬来事奉上级，所以被称作忠诚；我用全部的尊敬来接待和我地位相等的人，所以被称作忠信；我用全部的诚敬来指使我的下属，所以被称作仁爱。因此我受到天下人的爱戴和亲近，受到天下人的归附并感到快乐，受到天下诸侯的尊重和信赖。因此我全是凭恭敬取得天下的，全是凭恭敬获得的。"所以想要彰明正道并使人明白教化，只有恭敬并忠诚的人才能一定使人归服。

18《孔子家语》

《孔子家语》，又名《孔氏家语》，共10卷44篇，是一部记录孔子及其弟子思想言行的著作，三国曹魏时王肃著。最早著录于《汉书·艺文志》，书中保存了不少原始文献资料，对于考证上古遗文、校勘先秦典籍、研究儒家思想，具有极大的文献价值，许多地方胜于其他相关古籍。

王肃（195—256），字子雍。他是当时的经学大师，主张微言大义，综合治经，形成了自己的独特见解。杂取秦汉诸书所载孔子遗文轶事，及其中关于婚姻、丧葬、郊禘、庙祧等制度与郑玄所论不同处，综合成篇。对于《孔子家语》历来颇多争议，真伪难辨。一般认为，本书是王肃为辩驳郑玄而作。《四库提要》评说："其书流传已久，且遗文轶事，往往多见于其中。故自唐以来，知其伪而不能废也。"

最新考古发现证明，西汉时已有《儒家者言》，与《孔子家语》内容相近，这说明本书是有来历的，并非伪书。当然也不是王肃一人所作，而是成于以孔安国为代表的孔氏学者之手，其成书有一个长时间的编纂、增补过程。

◆ 夫君者，舟也；庶人者，水也。水可以载舟，亦可以覆舟。君以此思危，则危可知矣。

【译文】国君是舟，百姓就是水。水可以载舟，也可以覆舟，国君由此想到危险，那么什么危险也就知道了。

◆ 儒有不宝金玉而忠信以为宝，不祈土地而仁义以为土地，不求多积而多文以为富。

【译文】儒者珍视（看重）的不是金玉而是忠信，不谋求占有土地而把仁义当作土地，不求积蓄很多财富而把学问广博作为财富。

◆ 儒有合志同方，营道同术。并立则乐，相下不厌。久别则闻流言不信。义同而进，不同而退。其交有如此者。

【译文】儒者交朋友，要志趣相合，方向一致，营求道艺，方法相同。地位相等都高兴，地位互有上下彼此也不厌弃。久不相见，听到对方的流言蜚语绝不相信。志向相同就进一步交往，志向不同就退避疏远，儒者交朋友的态度就是这样的。

◆ 儒有内称不避亲，外举不避怨。程功积事，不求厚禄。推贤达能，不望其报。君得其志，民赖其德。苟利国家，不求富贵。其举贤援能有如此者。

【译文】儒者举荐人才，对内不避亲属，对外不避有仇怨的人。度量功绩，积累事实，不谋求丰厚的禄位。推荐贤能而进达于上，不祈望他们的报答。国君满足了用贤的愿望，百姓依靠他的仁德。只要有利于国家，不贪图个人的富贵，儒者的举贤荐能就是这样的。

◆ 所谓君子者，言必忠信而心不怨，仁义在身而色无伐，思虑通明而辞不专。笃行信道，自强不息。油然若将可越，而终不可及者。此则君子也。

【译文】所谓君子，说出的话一定忠信而内心没有怨恨，身有仁义的美德而没有自夸的表情，考虑问题明智通达而话语委婉。遵循仁义之道努力实现自己的理想，自强不息。他那从容的样子好像很容易超越，但终不能达到他那样的境界。这样的人就是君子。

◆ 子路见于孔子。孔子曰："智者若何？仁者若何？"子路对曰："智者使人知己，仁者使人爱己。"子曰："可谓士矣。"

子路出，子贡入，问亦如之。子贡对曰："智者知人，仁者爱人。"子曰："可谓士矣。"

子贡出，颜回入，问亦如之。对曰："智者自知，仁者自爱。"

子曰："可谓士君子矣。"

【译文】子路来见孔子。孔子问他："有智慧的人是什么样的？有仁德的人是什么样的？"子路回答说："有智慧的人让别人了解自己，有仁德的人让别人热爱自己。"孔子说："可以算得上是士了。"

子路出去后，子贡进来，孔子也对他提出同样的问题。子贡回答说："有智慧的人理解别人，有仁德的人热爱别人。"孔子说："可以算得上是士了。"

子贡出去后，颜回进来，孔子又问了颜回同样的问题。颜回回答说："有智慧的人有自知之明，有仁德的人自尊自爱。"孔子说："可以算得上是君子了。"

19《朱子语类》

《朱子语类》是朱熹与其弟子问答的语录汇编，成书于宋咸淳二年（1266）。编者黎靖德（生卒年不详），宋代永嘉县（今属浙江）人，清廉谨慎，博学能文。

全书共140卷，内容上首论理气、性理、鬼神等世界本原问题，以太极、理为天地之始；次释心性情意、仁义礼智等伦理道德及人物性命之原；再论知行、力行、读书、为学之方等认识方法；又分论“四书”“五经”，以明此理，以孔、孟、周、程、张、朱为传此理者，排释老、明道统。《朱子语类》基本代表了朱熹的思想，内容丰富，析理精密，其中以口语式的文体记述了很多师徒间的对答，使朱熹精深细致的哲学观点变得平易实用，在师徒一问一答之间尽得儒学性命道德、天人事物之精要，是研究朱子学派思想的宝贵资料。

◆ 敬之工夫乃圣门第一义。

【译文】敬是一种修养的工夫，这是进入圣贤之门的第一要义。

◆ 为学须觉今是而昨非，日改月化，便是长进。

【译文】做学问必须常常觉悟到今天比昨天有所进步、有所超越，日有所改，月有所变，就会有所长进。

◆ 读书无疑者，须教有疑；有疑者，却要无疑，到这里方是长进。

【译文】开始读书学习没有疑问的时候，一定要能发现问题，提出疑问；并在学习中发现疑问的时候，一定要解决它，最后达到没有疑问的程度，这才是真正长进了。

◆ 学之之博，未若知之之要；知之之要，未若行之之实。

【译文】学习得广博，不如掌握住要点；掌握住要点，不如付诸实际行动。

◆ 自古圣贤，自尧舜以来，便说个敬字。孔子曰修己以敬。此是最紧要处。

【译文】古代的圣贤从尧舜以来就讲“敬”了。孔子说用敬的工夫来修养身心、涵养学问。这是最紧迫和最重要的事情。

◆ 无事时，敬在里面；有事时，敬在事上。有事无事，吾之敬未尝间断也。

【译文】没有事的时候，敬在我的心里面，有事的时候，敬就在事情上。不管有事无事，我都保持着一个敬字，从来都不间断。

◆ 君子之心公而恕，小人之心私而刻。

【译文】君子的心地无私而且宽恕，小人的心地自私而且刻薄。

◆ 诗书不可不读，礼义不可不知。子孙不可不教，童仆不可不恤。斯文不可不敬，患难不可不扶。

【译文】诗书不可不勤读，礼义不可不知晓。子孙不可不教育，孩童仆人不可不怜恤。要尊敬有德行有学识的人，要扶助有困难的人。

20《申鉴》

《申鉴》共5卷，包括《政体》《时事》《俗嫌》《杂言》，是东汉末年思想家荀悦所作的政治论著。据《后汉书》记，荀悦志在匡辅献帝，因曹操揽政，“谋无所用，乃作《申鉴》”。意为重申历史经验，供皇帝借鉴。主要内容是抨击谶纬符瑞，反对土地兼并，主张兴农桑、审好恶、宣文教、立武备、明赏罚，表现了其政治理想。《四库提要》称其“所论辩，通见政体”“一曰政体，二曰时事，皆制治大要及时所当行之务”“引据博洽，多得悦旨”。

荀悦（148—209），字仲豫。东汉末年政论家、史学家。幼时家贫无书，然而聪颖好学，能过目不忘，12岁便能讲解《春秋》。献帝时应曹操之召，任黄门侍郎，累迁至秘书监、侍中。献帝以《汉书》文繁难懂，命荀悦用编年体改写。乃依《左传》体裁，写成《汉纪》30篇，时人称其“文约事详，足称良史”，而“剖析事理，亦深切著明”。

◆ 赏不劝，谓之止善；罚不惩，谓之纵恶。在上者能不止下为善，不纵下为恶，则国治矣。

【译文】奖赏起不到鼓励的作用，就是“止善”；惩罚起不到警戒的作用，就是“纵恶”。为君者能够做到不抑制下属人民做好事，不放纵下属人民做坏事，那么国家就会安定了。

◆ 有一言而可常行者，恕也。一行而可常履者，正也。恕者，仁之术也；正者，义之要也。至矣哉！

【译文】有一个字是可以恒常奉行的，就是“恕”；有一种行为是可以恒常实践的，就是“正”。恕，是施行仁德的方法；正直，是遵守道义的要领。真是太重要了！

◆ 君子有三鉴；鉴乎古，鉴乎人，鉴乎镜。前惟训，人惟贤，镜惟明。夏商之衰，不鉴于禹、汤也。周秦之弊，不鉴于群下也，侧弁[①]垢颜，不鉴于明镜也，故君子惟鉴之务焉。

【注释】①弁（biàn）：古时的一种官帽。

【译文】君子有三种借鉴：借鉴于前事，借鉴于他人，借鉴于铜镜。前事应可做训诫，他人应具备贤德，铜镜应明亮无尘。夏朝和商朝之渐衰，是因为不借鉴于大禹、商汤；周朝、秦朝弊端之渐多，是因为不借鉴于群臣百官；帽子歪戴，脸存污垢，是因为不借鉴于明镜。所以一定要把借鉴视为很重要的事情。

◆ 人主之患，常立于二难之间。在上而国家不治，是难也。治国家，则必勤身苦思，矫情以从道[①]，是难也。有难之难，暗主取之。无难之难，明主居之。

【注释】①矫情：违反常情。

【译文】君主的忧患，常处于“两难”之间。作为一国之主而国家治理不好，这是一难；要治理好国家，则必须勤于政事，认真思考，节制情欲而服从于道义准则，又是一难。第一种“难”，让国家处于患难之中，昏庸的君主会去做；第二种“难”，让国家平安无事，没有灾难，是明主采取的办法。

◆ 人臣之患，常立于二罪之间。在职而不尽忠直之道，罪也。尽忠直之道焉，则必矫上拂下，罪也。有罪之罪，邪臣由之。无罪之罪，忠臣致之。

【译文】臣子的忧虑，常处于“二罪”之间。担任官职却不行忠贞正直之道，这是一罪；若尽其忠贞正直之道，则必然会违背上意、得罪同僚，也是一罪。第一种“罪”是真正的有罪，是奸臣不尽忠贞正直之道带来的；第二种“罪”不是真正的过错，是忠臣为尽忠直之道而导致的，算不上过错。

◆ 君子以情用，小人以刑用。荣辱者，赏罚之精华[①]也。

【注释】①精华：此处指最高境界。

【译文】对君子要用情理感召，对小人要用刑罚威慑。荣与辱是赏罚的最高境界。

21《潜夫论》

《潜夫论》10卷，36篇，主要讨论治国安民之道，对东汉末年社会现实予以揭露和批判。在经济上主张重本抑末，薄俭节葬，爱惜民力，重视边区建设。建议明君任贤使能，忠信纳谏，采取考功、明选等办法改革吏治。其中政论重视民生，强调“国以民为基，贵以贱为本”。这是对先秦“民本”思想的继承和发扬。其《本训篇》论述了宇宙形成问题，认为元气是宇宙之本源，具有唯物论的思想倾向。

王符（85？—162），字节信，东汉政论家、文学家。与马融、张衡等交游，游宦不获升迁，愤而隐居著书。《后汉书·王符传》载：“符独耿介不同于俗，以此遂不得升进。志意蕴愤，乃隐居著书三十余篇，以讥当时失得，不欲彰显其名，故号曰《潜夫论》。”“其指讦时短，讨谪物情，足以观见当时风政。”在思想上则“折中孔子，而复涉猎于申、商刑名，韩子杂说”，大致以儒为体，以法为用。本书有《四部丛刊》本，清代汪继培有《潜夫论笺》。今存35篇，叙录1篇。

◆ 天地之所贵者，人也；圣人之所尚者，义也；德义之所成者，智也；明智之所求者，学问也。

【译文】天地之间最宝贵的是人，圣贤之人最崇尚的是道义，品德道义所成就的是智慧，而明达智慧所追求的是学问。

◆ 凡有国之君，未尝不欲治也。而治不世见者，所任不固也。世未尝无贤也，而贤不得用者，群臣妒也。

【译文】凡是拥有国家的君主，没有不希望安定太平的。然而，国家太平并非每个时代都能出现，这是因为所任用的贤能之人地位不稳定。世间未尝没有贤才，而贤才得不到任用，那是群臣妒忌的缘故。

◆ 民蒙善化，则人有士君子之心；被恶政，则人有怀奸乱之虑。

【译文】百姓受到良好的教化，就会怀有君子之心；遭受到恶政的统治，就会产生邪乱的想法。

◆ 国之所以治者，君明也；其所以乱者，君暗也。君之所以明者，兼听也；其所以暗者，偏信也。是故人君通心兼听，则圣日广矣；庸说偏信，则愚日甚矣。

【译文】国家之所以治理得好，是因为君主英明；国家之所以败乱，是因为君主昏庸。君主之所以英明，是因为能广泛听取各方面的意见；君主之所以昏庸，是因为偏听偏信。因此，君主内心通达、广听兼纳，圣德就会日渐扩大；偏信奸佞之言，昏庸愚昧就会与日俱增。

22《新序》

《新序》，西汉刘向（前 77？—前 6）编撰。本书采集远古舜禹之时至汉代的史事和传说分类编纂，所记史事与《左传》《战国策》《史记》等有出入。作者尚有《说苑》一书，性质与此类似。今存 10 卷，166 条，另有 59 条佚文。

本书是历史故事类编，分为杂事、刺奢、节士、义勇、善谋。以政治讽谏为目的，其中许多材料采自诸子史传，其材料取舍、思想内容体现了作者的政治思想，绝大部分是摘录改编或照抄先秦著作。大多数故事集中在春秋时期，最后是汉代故事，其思想基础是儒家学说，强调统治者必须为人正直，多听民众意见和贤德之士建议。其中许多章节故事完整，情节曲折，人物形象丰富，有虚构成分，已具备了小说的某些因素。

◆ 曾子曰："人之将死，其言也善。"孔子曰："朝闻道，夕死可矣。"

【译文】曾子说："人将要死去的时候，说出来的话也是善意的。"孔子说："假如一个人早上听到了真理，即使他晚上便死去了，也不会有所遗憾。"

◆ 为人君而侮其臣者，智者不为谋，辩者不为使，勇者不为斗。智者不为谋，则社稷危；辩者不为使，则使不通；勇者不为斗，则边境侵。

【译文】当人君的侮辱了臣子，有才智的人就不给国君出谋划策，能言善辩的人就不愿替国君充当使节，勇敢的人就不愿为国君战斗。有才智的人不献出计谋，国家就有危险；有辩才的人不当使节，外交关系就不顺利；勇敢的人不愿战斗，边境就会被侵犯。

◆ 乐民之乐者，民亦乐其乐；忧民之忧者，民亦忧其忧。乐以天下，忧以天下；然而不王者，未之有也。

【译文】国君以老百姓的快乐为快乐，老百姓也会以国君的快乐为快乐；国君以老百姓的忧愁为忧愁，老百姓也会以国君的忧愁为忧愁。把天下人的快乐当作快乐，把天下人的忧愁当作忧愁，这样还不能够使天下归服，是没有过的事情。

◆ 是以位尊者，德不可以薄；官大者，治不可以小；地广者，制不可以狭；民众者，法不可以苛。天性然也。

【译文】因此，地位尊贵的人，德行不能浅薄；官位高的人，管理不能琐碎；辖地广大宽阔，制度就不能褊狭；辖区百姓众多，法律就不能苛刻。自然法则就是这样。

◆ 牧民之道，养之以仁，教之以礼，使之以义，修法练教，必遵民所乐。故从其所便而处之，因其所欲而与之，从其所好而劝之。赏之疑者从重，罚之疑者从轻。其罚审，其赏明，其刑省，其德纯，其治约，而教化行矣。

【译文】治理人民的办法是，以仁政培养人，以礼法教导人，用公义使用人，无论是修治法律还是训练教育人，一定遵循民众所喜好的。所以，顺着方便民众的方式处理民事，按照民众的愿望而予以分配，顺应民众的喜好而进行劝导。奖赏的多少难以确定时应该加重，惩罚的轻重难以确定时应该减轻。处罚慎重，奖赏明确，刑罚简约，道德纯美，治理简要，这样教化就会行遍天下、广布宇内了。

◆ 魏文侯问李克曰：“吴之所以亡者，何也？”李克对曰：“数战数胜。”文侯曰：“数战数胜，国之福也。其所以亡，何也？”李克曰：“数战则民疲；数胜则主骄。以骄主治疲民，此其所以亡也。”是故好战穷兵，未有不亡者也。

【译文】魏文侯向李克问道："吴国为什么亡国呢？"李克回答说："多次作战，多次胜利。"文侯说："多次作战，多次胜利，这是国家的福气。吴国却因此亡国，为什么呢？"李克说："多次作战，百姓会疲惫穷困；多次胜利，君主会骄傲自大。让一个骄傲自大的君主治理疲惫穷困的百姓，这就是它灭亡的原因。"所以喜好打仗，穷兵黩武，没有不亡国的。

23《列子》

《列子》又名《冲虚至德真经》，是道家重要典籍。现存《列子》8篇，分别是《天瑞》《仲尼》《汤问》《杨朱》《说符》《黄帝》《周穆王》《力命》。内容多为民间故事和神话传说，其中寓言故事百余篇，如《愚公移山》《杞人忧天》《两小儿辩日》等，脍炙人口，妙趣横生，可谓家喻户晓，广为流传。同时，《列子》中有“天体运动说”“地动说”“宇宙无限说”，而这些学说都远远早于西方的同类学说。

列子（生卒年不详），名御寇，战国时郑国人，道家学派代表人物，著名思想家、寓言家和文学家。列子一生贫寒，不求名利，终生致力于道德学问，曾师从关尹子、壶丘子、老商氏、支伯高子等。隐居郑国“四十年人无识者”，可见其为人低调，不求名利潜心修道。他主张循名责实，无为而治。唐玄宗时，列子被召封为“冲虚真人”。列子贵虚尚玄，据说修道有成，能御风而行。

◆ 伯牙游于泰山之阴，卒逢暴雨，止于岩下；心悲，乃援琴而鼓之。初为霖雨之操，更造崩山之音。曲每奏，钟子期辄穷其趣。伯牙乃舍琴而叹曰：“善哉！善哉！子之听夫！志想象犹吾心也。吾于何逃声哉？”

【译文】有一次，伯牙漫游到泰山北麓，突然遇上暴雨，被困在岩石下面；一时悲起，就取琴弹奏起来。起初他弹了表现连绵大雨的曲子，接着又奏出表现高山崩坍的壮烈之音。每奏一曲，钟子期立即就悟透其中旨趣。于是伯牙便放下琴，长叹道：“好啊！好啊！你的鉴赏力很好！你心里想的和我想的一样。我如何能隐匿自己的心声呢？”

◆ 生非贵之所能存，身非爱之所能厚；生亦非贱之所能夭，身亦非轻之所能薄。故贵之或不生，贱之或不死；爱之或不厚，轻之或不薄。

【译文】生命并不因珍惜它就能长存，身体并不因爱护它就能健壮；生命也并不因慢待它就会夭折，身体也并不因轻视它就会病弱。所以珍惜它或许就不能生存，慢待它或许就不会死亡；爱护它或许就不健壮，轻视它或许就不瘦弱。

◆ 列御寇为伯昏无人射①，引之盈贯②，措杯水其肘上，发之，镝矢复沓③，方矢复寓。当是时也，犹象人也④。

【注释】①伯昏无（mào）人：列子的朋友。②盈贯：拉满弓。③镝（dí）矢：指箭。④象人：泥塑木雕之人。

【译文】列御寇为伯昏无人表演射箭术。他拉满弓，并放一杯水在肘上，然后开始发射，一支支箭飞速射出，后面的箭镞紧追着前头的箭尾，前一支箭刚刚射出，后一支箭又搭上弓弦。射箭时，列子形神凝聚，就像泥塑木雕一般端正不动。

24《抱朴子》

《抱朴子》为东晋葛洪（284—364）撰，分内、外两篇。全书总结了战国以来道家的神仙理论，将玄学与神学、方术与金丹、丹鼎与符箓，乃至儒学融于一体，确立了道教的神仙理论体系。其继承了魏伯阳的炼丹理论，集魏晋炼丹术之大成，并杂有医药、化学等方面知识。《抱朴子》一书在道教体系中占有重要地位，是研究晋代以前道教史及思想史、科技史的宝贵材料。

今存“内篇”20卷，主要讲述神仙、方药、炼丹、符箓等，可概括为：论宇宙本体、论神仙存在、论丹药制作、论各种方术应用、论道经各种书目。“外篇”50卷，主要阐述时政得失、人事臧否，属于儒家范畴，显示了作者先儒后道的思想发展轨迹。

◆ 盖劳谦虚己①，则附之者众；骄慢倨傲②，则去之者多矣。附之者众，则安之征也。去之者多，则危之诊也。存亡之机，于是乎在？

【注释】①劳谦：居有功劳却仍谦恭。虚己：谦虚。②倨（jù）傲：高傲自大，傲慢。

【译文】大凡有功劳却仍谦逊的人，归附他的人就多；骄狂傲慢的人，背离他的人就多。归附的人多，是平安的征兆；背离的人多，是危险的信号。存亡的关键，就在于此。

◆ 抱朴子曰：“民财匮矣①，而求不已；下力极矣，而役不休。欲怨叹之不生，规其宁之惟永②，犹断根以续枝，剜背以裨腹③，刻目以广明，割耳以开聪也。”

【注释】①匮（kuì）：匮乏。求：索取。怨叹：怨恨伤叹，悲叹。②规：劝告，建议，尤指温和地力劝。③裨（bì）：弥补，补助。

【译文】抱朴子说：“人民的财力已经很匮乏了，还在搜刮不止；人民的力气已经用到极点了，还在役使不停。还想使老百姓不生怨恨伤叹的情绪，劝告他们要永远安定守法，这就好比截断树根来接长树枝、剜割后背上的肉来补肚子、割开眼眶来开阔视野、割掉耳朵来增强听力一样。”

◆ 贵远而贱近者，常人之用情也；信耳而疑目者，古今之所患也。

【译文】重视远方之物而轻视近处之物，这是人们常有的心理；相信听闻而怀疑眼见，是古人、今人都常犯的毛病。

25《尹文子》

《尹文子》是先秦论法术和形名的专著。作者尹文（前360？—前280），尊称"尹文子"，齐国人，战国时代著名的哲学家。"宋尹"学派始祖，大致生活在齐宣王、齐愍王之际，与宋钘齐名，属稷下道家学派。

《尹文子》，旧列名家，今本仅一卷，分《大道》上、下两篇，6000余字，语录与故事混杂，各段自成起讫。上篇论述形名理论，下篇论述治国之道，可以看作是形名理论的实际运用。其思想体系以名家为主，以尹文的形名理论为主轴，而又综合道、法，最后归于政治之道。其学术路线是"自道以至名，由名而至法"，涉及政治、哲学、逻辑、语言等许多领域，具有多方面的研究价值。在名家学术发展上，是继承邓析之脉、开启公孙龙之学的承前启后之作。

尹文的思想不排斥儒、墨，自道以至名，由名而至法，上承老子，下启荀子、韩非。书中的形名论思想，对语言的指称与内涵等关系思考，体现了早期逻辑学的雏形。

◆ 然则心欲人人有之，而得同于无心无欲者，制之有道也。

【译文】私心与贪欲人人皆有，而能够做到如同没有私心、没有贪欲一样，是因为对私心、贪欲的节制得法。

◆ 故明君虽能纳正直，未必能亲正直；虽能远佞人，未必能疏佞人。

【译文】所以贤明的君主虽然能接纳正直的人，也未必能亲近正直的人；虽然能不接近奸佞之人，也未必能从心底疏远奸佞之人。

◆ 凡民之不畏死，由刑罚过。

【译文】大凡百姓不惧怕死，都是因为刑罚的滥用。

◆ 名以检形，形以定名，名以定事，事以检名。

【译文】依据名称来检验有形之物，依据有形之物来确定其相应的名称，依据名称来鉴定为名所称之事与名称相符的程度，依据实有之事来验证指事之名是否恰当。

◆ 以万事皆归于一，百度皆准于法①。归一者，简之至。准法者，易之极。

【注释】①百度皆准于法：百事都以法为准。百度，百事，各种制度。

【译文】使万物皆归宗于一，使百事皆准裁于法。归宗于一，是简的至境。准裁于法，是易的极致。

26《管子》

《管子》是一部记录春秋时齐国政治家、思想家管仲（？—前645）及其言行事迹的著作。大约成书于春秋战国至秦汉时期，据考是战国学者们托名管子整理的治国之术。汉初有86篇，今本实存76篇，分为《经言》《外言》《内言》《短语》《区言》《杂篇》《管子解》《管子轻重》，其余10篇仅存目录，是研究我国古代特别是先秦学术文化思想的重要典籍。

这也是一部战国时各家学派的言论汇编，内容庞杂，涵盖法、儒、名、道、兵、农、阴阳等诸家观点。本书保存了丰富的史料，具有很高的史学价值。这使它在诸子百家中占有重要的地位，是研究古代政治、经济、文化的重要资料。

《管子》全书内容博大精深，以黄老道家为主，遍及道、法、儒、名、兵、农、阴阳、轻重等各家思想：既提出以法治国的具体方案，又重视道德教育的基础作用；既强调以君主为核心的政治体制，又主张以人为本，促进农工商业的均衡发展；既有雄奇的霸道之策，又坚持正义的王道理想；既避免了法家忽视道德人心的倾向，又补充了儒家缺乏实际政治经验的不足，在思想史上具有不可抹杀的重要地位。

◆ 君之所审者三：一曰德不当其位，二曰功不当其禄，三曰能不当其官。

【译文】君主必须在以下三点上慎重：一是德行与地位不相称，二是功劳与俸禄不相称，三是能力与官职不相称。

◆ 故圣君矢度量，置仪法，如天地之坚，如列星之固，如日月之明，如四时之信，然故令往而民从之。

【译文】所以，圣明君主设立制度仪法，像天地那样的坚定，像列星那样的稳固，像日月那样的光明，像四时运行那样准确，这样法令一出人民就会听从。

◆ 圣人者，明于治乱之道，习于人事之终始者也。其治人民也，期于利民而止。故其位齐也，不慕古，不留今，与时变，与俗化。

【译文】所谓圣人，就是懂得治乱规律、熟悉人事终始的人。他治理人民，只求有利于人民。所以他设立的法令，不盲从古人，也不拘泥于今人，而是随着时代的变化而变化，随着习俗的更移而更移。

◆ 疑今者，察之古。不知来者，视之往。万事之生也，异趣而同归，古今一也。

【译文】对于怀疑当今的人，可以考察历史。不知道未来的人，可以考察往事。万事万物的性质，虽各有不同，但道理却无异，这是古今一样的。

◆ 凡治国之道，必先富民。民富则易治也，民贫则难治也。

【译文】大凡治国的方法，一定要先使百姓富裕起来。民众富裕了，就容易治理，民众贫穷了，就难以治理。

◆ 信也者，民信之；忠也者，民怀之；严也者，民畏之；礼也者，民美之。语曰，泽命不渝，信也；非其所欲，勿施于人，仁也；坚中外正，严也；质信以让，礼也。

【译文】守信用，民众就信任国君；行忠信，民众就怀念德行；为人严肃，民众就敬畏；注重礼仪，民众就会赞美。常言道，发布的命令不轻易改变，不食言，这就是信；非其所欲，勿施于人，这就是仁；内心坚定，行为刚正，这就是严；讲究诚信，温和谦让，这就是礼。

◆ 地之生财有时，民之用力有倦，而人君之欲无穷，以有时与有倦，养无穷之君，而度量不生于其间，则上下相疾也。是以臣有杀其君，子有杀其父者矣。

【译文】土地产生财富有时令限制，民众劳力也会困倦，君主的欲望却无穷无尽。以有时节和气力限制的土地和民力供养欲望无穷的君主，如果没有节制和分寸，就会导致上下之间彼此怨恨。于是，就会有臣子杀君、儿子杀父的现象。

27《晏子春秋》

《晏子》，原名《晏子春秋》，主要记述春秋时齐国晏子的言行事迹，是我国最早一部短篇小说集。相传为晏子所撰，一般认为是后人集录而成。全书共8卷，215章，分内、外两篇。全书语言简练，情节生动，具有较高的艺术性。

这部书详细地记述了齐国灵公、庄公、景公三朝贤相晏婴的言谈、生平轶事及各种传说、趣闻，其中的215个小故事相互关联和补充。书中寓言多以晏子为中心，情节完整，讽喻性强，对后世寓言影响较大。晏子由此成为智慧的化身，构成了栩栩如生的晏子形象。

晏子（前578—前500），名婴，字仲，谥平，习惯上多称平仲，又称晏子，夷维人（今山东高密），春秋时期著名政治家、思想家、外交家。他身材不高，其貌不扬，但头脑机敏，能言善辩，以生活节俭、谦恭下士著称。任三朝卿相，辅政60年，屡谏齐侯。出使对外既坚持原则又灵活机智，捍卫了齐国的威严，使齐国名扬诸侯。

◆ 上无骄行，下无谄德。上无私义，下无窃权。上无朽蠹①之藏，下无冻馁之民。不事骄行而尚同，其民安乐而相亲。贤君之治国若此。

【注释】①蠹（dù）：蛀蚀器物的虫子。

【译文】君主没有骄横的品行，臣子没有谄媚的品德。君主没有自私的道义，臣子没有专权的事情。君主没有收藏得生蛀虫的财物，下面没有挨饿受冻的百姓。不做骄横的事情，崇尚上下一致，人民安居乐业，崇尚相亲相爱。贤明的君主就是这样治理国家的。

◆ 景公问晏子曰："臣之报其君何以？"

晏子对曰："臣虽不知，必务报君以德。士逢有道之君，则顺其令；逢无道之君，则争其不义。故君者择臣而使之，臣虽贱，亦得择君而事之。"

【译文】景公问晏子说："臣子用什么来报答他的君主？"

晏子回答说："臣子虽然不聪明，也必定努力用恩德报答君主。士遇上有道德的君主，就顺从他的命令；遇上没有道德的君主，就对他的不符合道义的行为进行劝诤。所以君主要选择好的臣子来使用，臣子虽然地位低下，也可以选择好的君主来侍奉。"

◆ 梁丘据谓晏子曰："吾至死不及夫子矣！"

晏子曰："婴闻之，为者常成，行者常至。婴非有异人也，常为而不置，常行而不休者，故难及也？"

【译文】梁丘据对晏子说："我到死也赶不上先生您了！"

晏子说："我听说过，做事情的人常常能做成功，行走的人常常能到达目的地。我与别人没有什么不同，我只是个经常做事情而不放下，经常行走而不停止的人，怎么会难以赶上呢？"

28《商君书》

《商君书》，又称《商子》，战国法家商鞅及其后学著作汇编，法家学派的代表作。《商君书》约成书于战国末年，着重记载了商鞅辅佐秦孝公进行革新的变法理论和具体措施，反映了战国法家的政治思想。《汉书·艺文志》著录29篇，今存《商君书》24篇。全书内容庞杂，涉及政治、经济、军事等诸方面。

商鞅（前390？—前338），战国时期政治家、改革家、思想家，法家代表人物。卫国人，卫国国君后裔，姬姓公孙氏，故又称卫鞅、公孙鞅。后因在河西之战中立功获封商于十五邑，号为商君，故称之为商鞅。

商鞅在秦国进行了两次革新变法，史称“商鞅变法”，其变法的指导思想、政策措施都反映在《商君书》中。商鞅改革了秦国户籍、军功爵位、土地制度、行政区划、税收、度量衡以及民风民俗，通过变法使秦国成为富裕强大的国家。但商鞅制定的法律过于严酷，也遭到了强烈的反对。后来，其受车裂酷刑而死。

◆ 三代不同礼而王，五霸不同法而霸。故知者作法，而愚者制焉；贤者更礼，而不肖者拘焉。拘礼之人不足与言事，制法之人不足与论变。

【译文】夏、商、周三代的礼制不同，而都成就了王业；春秋时五霸的法度也不同，而都成就了霸业。所以聪明的人创造法度，而愚昧的人受法度的限制；贤人改革礼制，而庸人受礼制的约束。受旧的礼制制约的人不能够同他商量国家大事，被旧法限制的人不能同他讨论变法的事。

◆ 治世不一道，便国不必法古。汤、武之王也，不修古而兴；殷、夏之灭也，不易礼而亡。然则反古者未必可非，循礼者未足多是也。

【译文】治理国家不要只拘泥于一种方式，也不要一味效法古人（这两句是互文）。汤、武称王的时候，没有遵循古法却兴盛起来了；殷朝和夏朝，并没有改变礼法却招致灭亡。这就说明反对古法的未必就要遭受非议，遵循礼法的也不一定值得称颂。

◆ 圣人之为国也，壹赏，壹刑，壹教。壹赏则兵无敌，壹刑则令行，壹教则下听上。夫明赏不费，明刑不戮，明教不变，而民知于民务，国无异俗。

【译文】圣人治理国家，统一奖赏，统一刑罚，统一教化。实施统一的奖赏，军队就会无敌于天下；实行统一的刑罚，君主的命令就能执行；实行了统一教化，民众就会听从君主的役使。高明的奖赏不是浪费财务，严明的刑罚不是任意杀戮，修明教育不是随意改变风俗，而民众却知道自己该做什么，国家也没有怪异的风俗。

◆ 夫固知愚、贵贱、勇怯、贤不肖，皆尽其胸臆之知，竭其股肱之力，出死而为上用也；天下豪杰贤良从之如流水；是故兵无敌而令行于天下。

【译文】因此那些无论聪慧还是愚昧、富贵还是低贱、勇敢还是胆怯、贤德或者不贤德的人，都用尽自己全部的智慧，竭尽自己全部的力量，拼死替君主效力。天下的英雄豪杰追随君主，如同流水一样。所以军队无敌，而政令得以在天下贯彻实行。

29《韩非子》

《韩非子》是先秦法家集大成之杰作，是我国古代政治学方面的名著，约成书于战国末期，今存55篇，十余万字，绝大部分为韩非所作。本书宣扬了法、术、势三者结合的法治理论，提出“法、术、势”融为一本的法治理论，主张君主集权，提出重赏、重罚、重农、重战四个政策；主张变法改革，提倡君权神授，为秦统一六国以及后世的中央集权制度提供了理论依据。

韩非（前280？—前233），战国末期著名思想家，原为韩国贵族，以主张“以法治国”而闻名，法家代表人物。《韩非子》风格严峻峭刻，语言干脆犀利。其文说理精密，文锋犀利，议论透辟，推证事理，切中要害，排斥当时崇尚的“法先王”和“仁政”思想，坚决反对复古，主张因时制宜，提出重赏、重罚、重农、重战等政策。

书中的寓言故事，比如“自相矛盾”“守株待兔”“讳疾忌医”等蕴含深刻哲理，凭着其思想性和艺术性，给人以智慧的启迪，具有较高的文学价值。

◆ 故虽有尧之智而无众人之助，大功不立。

【译文】所以即使有尧那样的智慧，如果没有众人的辅佐，也不能建立大功。

◆ 智术之士，必远见而明察，不明察，不能烛私；能法之士，必强毅而劲直，不劲直，不能矫奸。

【译文】通晓治国之术的人，必定是远见卓识并明察的人，不明察，就不能洞察隐秘私情；能推行法治的人，必须坚决果断，刚强正直，不刚强正直，就不能纠察惩办奸邪之人。

◆ 所谓方者，内外相应也，言行相称也。所谓廉者，必生死之命也，轻恬资财也。所谓直者，义必公正，公心不偏党也。所谓光者，官爵尊贵，衣裘壮丽也。

【译文】所谓方正，是指表里一致，言行统一。所谓廉正，是指舍生忘死，看轻资财。所谓正直，是指在道义上公正，有公心而不偏私。所谓光耀，是指官爵尊贵，衣裘华丽。

◆ 故古之能致功名者，众人助之以力，近者结之以成，远者誉之以名，尊者载之以势。如此，故太山之功长立于国家，而日月之名久著于天地。此尧之所以南面而守名，舜之所以北面而效功也。

【译文】所以古代能够成就功名的人，众人用力帮助他，身边的人真心交结他，远处的人用美名赞誉他，位尊的人用权势拥戴他。正因如此，所以君主的丰功伟绩就如同泰山一样长期在国家建立，君主的盛名威望就如同日月一样在天地之间永放光芒。这就是尧所以能南面称王而保持名位，舜所以要北面称臣而献功效忠的原因。

30《盐铁论》

《盐铁论》共60篇，西汉时政论性散文集。其内容从实际出发，针砭时弊，语言精练，浑朴自然。原为汉昭帝时盐铁会议官方文献，采用对话体方式，是研究西汉政治经济的重要文献。

汉昭帝时召开“盐铁会议”，从民间召集“贤良文学士人”60多人和御史大夫桑弘羊等重要官员，共同讨论民生疾苦问题和汉武帝时的政治、经济政策，就盐铁官营酒类专卖和平准、均输、统一铸币等问题展开了一场大辩论。会议结果，废除了全国酒类专卖和关内铁官。

桓宽（生卒年不详），字次公。汉宣帝时为郎中，后任庐江太守丞。他根据会议记录，加以推衍整理，撰成《盐铁论》。记述会议双方正式辩论及主要观点，以及会后余谈。作者偏向儒家思想，明显偏向于“贤良文学士人”，多次描述官员窘态，加以贬抑，或默然不对，或勃然作色，或怃然内惭等。郭沫若称其为“对话体的历史小说”。

◆ 法能刑人而不能使人廉，能杀人而不能使人仁。

【译文】法律可以惩罚人，但不能使人廉洁；可以把人处死，但不能使人仁义。

◆ 行远道者假于车，济江海者因于舟。故贤士之立功成名，因于资而假物者也。

【译文】走远路的人要依靠车子，渡江海的人要利用船只。因此，贤士之所以能建功成名，是因为凭借自己的天资，同时也是依靠外在的物质条件。

◆ 民之仰法，犹鱼之仰水。水清则静，浊则扰。扰则不安其居，静则乐其业。乐其业则富；富则仁生，赡则争止。

【译文】老百姓依赖法律，就像鱼依赖水一样。水清，就生活得安静；水浑，就要受到惊扰。同样，社会秩序混乱，百姓就不能安居；社会稳定，百姓就安居乐业。安居乐业就富裕，富裕了就会讲仁义，人们的欲望满足了就会停止争夺。

◆ 古者明其仁义之誓，使民不逾。不教而杀，是虐民也。与其刑不可逾，不若义之不可逾也。闻礼义行而刑罚中，未闻刑罚任而孝悌兴也。

【译文】古时候，以仁义约束百姓，使百姓不违犯礼义；如果不进行教育而犯罪就杀，就是残害百姓。与其制订刑法使百姓不敢触犯，不如提倡礼义使百姓不敢违反。只听说推行礼义，刑罚就能运用得恰当；没有听说过施行刑罚，孝悌之风就能兴起的。

31《新语》

《新语》，西汉陆贾著，共12篇。据《史记》记："陆贾升任太中大夫之后，常向高帝称说《诗》《书》，并劝高帝重文治、行仁仪、法先圣。高帝遂令其作书，言秦失天下而汉得之故，及古时成败诸国事。"陆贾本书自成一家，思想内涵深邃，体现了秦汉散文雄伟粗壮的风格。在《道基》篇中将人类历史分为先圣、中圣、后圣三个阶段，并将"仁义"作为道德规范的教化作用转为立国之本，得天下之民的长久之术，这给儒学在汉代的发展指明了方向。

陆贾，西汉政治家、文学家、思想家。祖上为楚人，有口才，善辩论。他的思想上承孟、荀，下启贾、董，是由先秦儒学到今文经学的中间环节。其曾奉汉高祖命出使南越。高祖死后，参与诛灭诸吕，迎立文帝刘恒。《四库提要》记载："《汉书》贾本传称著《新语》12篇。《汉书·艺文志》儒家陆贾27篇，盖兼他所论述计之。"

◆ 国不兴无事之功，家不藏无用之器。所以稀力役而省贡献也。

【译文】国家不动用民力来从事无用的功业，百姓的家中不收藏无用的器物。借此可以减少百姓的劳役，减少百姓的赋税。

◆ 夫居高者，自处不可以不安；履危者，任杖不可以不固。自处不安则坠，任杖不固则仆。是以圣人居高处上，则以仁义为巢，乘危履倾，则以圣贤为杖，故高而不坠，危而不仆。

【译文】身居高位的人，自己居身不可以不安稳；身临险境的人，使用的拐杖不可以不结实。居身不稳就会掉下来，拄的拐杖不结实就会跌倒。因此圣人身处高位，就要以道德仁义作为自己的安身之所；面临险境危难，就要把圣贤之人作为自己依靠的对象。正因如此，所以圣人身居高位也不会坠落，面临险境也不会跌倒。

◆ 天地之性，万物之类，怀德者众归之，恃刑者民畏之。归之则充其侧，畏之则去其域。故设刑者不厌轻，为德者不厌重。行罚不患薄，布赏者不患厚。所以亲近而致远也。

【译文】天地万物的规律告诉我们，怀有德行的人百姓归顺他，依仗刑罚的人百姓畏惧他；归顺他便会聚居在他周围，畏惧他便会逃离他的城邑。所以设置刑罚不嫌轻，修德不嫌重；处罚不嫌轻，行赏不嫌多。如此一来，近处的人受德化而更加亲厚，远方的人受感化也会前来归顺。

32《公孙龙子》

《公孙龙子》又名《守白论》，是战国时期思想家将公孙龙的哲学思想著作，约成书于战国末期。公孙龙（前320—前250），传说字子秉，战国时期赵国人，著名道家、哲学家，名家离坚白派的代表人物。能言善辩，曾为平原君门客，与他齐名的是另一名家惠施。

全书原有14篇，后来多数散佚，现存6篇:《迹府》《白马论》《坚白论》《通变论》《指物论》《名实论》。首篇《迹府》是后人编辑的有关公孙龙的简介，其余5篇是公孙龙的作品。其中《白马论》所提出的“白马非马”的命题，以及《坚白论》所提出的“离坚白”的命题，是公孙龙名辨思想的中心。该书针对社会上名不符实的现象，在中国逻辑史上第一个提出了“唯乎其彼此”的正名理论，强调“名”必须具有确定性，着重探讨了概念的内涵和外延，以及事物的共性和个性、存在和思维的关系，构成了一个完整的学说体系。

◆ 审其名实，慎其所谓。至矣哉，古之明王！

【译文】他们详察名实关系，慎重地对待事物的称谓。伟大啊，古时的贤明君王！

◆ 以其所正，正其所不正；不以其所不正，疑其所正。

【译文】要凭借他纠正过的，来纠正那些没有纠正的；而不是凭借他没有纠正过的，来怀疑他已经纠正过的。

◆ 视不得其所坚而得其所白者，无坚也；拊不得其所白而得其所坚者，无白也。

【译文】看不到石的坚性而只能看到石的白色，眼的视觉对坚性无从知晓；摸不到石的白色而只能摸到石的坚硬，手的触摸对白色无从知晓。

◆ 白马为非马者，言白所以名色，言马所以名形也，色非形，形非色也。夫言色则形不当与，言形则色不宜从，今合以为物，非也。

【译文】所谓白马不就是马，是说“白”是用来称说颜色的，“马”是用来称说形体的，颜色不是形体，形体也不是颜色。说颜色就不该让形体参与其中，说形体也不宜连带上颜色。现在把颜色和形体混同为一回事，那是不对的。

33《邓析子》

《邓析子》，是一部以君主为本位而替君主御民治国出谋划策的书，相传为春秋时期名家的邓析所作。邓析（？—前501），春秋末年郑国思想家和革新家，“名辨之学”倡始人。与老子和孔子基本同时，是战国名家的鼻祖，著名的讼师。与子产同时，名家学派的先驱人物。

今本《邓析子》尊“君”崇“法”而推重“势”“术”。全书分为无厚篇和转辞篇两篇。无厚篇所强调的是君主与臣民的共生关系，劝勉君王治国时应该以平等的心对待臣民，归结到最后就是无厚，是民本的反映。而转辞篇主要强调“缘身而责名，缘名而责形，缘形而责实，臣惧其重诛之至，于是不敢行其私矣”，也就是君王对官员的控制。

◆ 目贵明，耳贵聪，心贵公。以天下之目视，则无不见；以天下之耳听，则无不闻；以天下之智虑，则无不知。

【译文】眼睛贵在看得明白，耳朵贵在听得清楚，心智贵在公正无私。凭借天下人的眼睛去看，就没有什么看不明白的；凭借天下人的耳朵去听，就没有什么听不清楚；凭借天下人的心智思考，就没有什么不可知晓。

◆ 故远而亲者，志相应也；近而疏者，志不合也。

【译文】所以，本来疏远而终究亲近的，是由于志趣相合；本来亲近而终究疏远的，是由于志趣不相合。

◆ 夫人情，发言欲胜，举事欲成。

【译文】人之常情在于，说话总想胜过别人，做事总想得到成功。

◆ 富必给贫，壮必给老。快情恣欲，必多侈侮。故曰：尊贵无以高人，聪明无以笼人，资给无以先人，刚勇无以胜人。能履行此，可以为天下君。

【译文】富裕者总会很快贫穷，强壮者总会很快衰老。毫无节制地放纵情欲，必定会招致大耻大辱。所以说：不要因为高贵就傲视他人，不要因为聪明就掩抑他人，不要因为伶牙俐齿就先声夺人，不要因为刚强勇猛就盛气凌人。能做到这些，可以成为天下人的君主。

34《淮南子》

《淮南子》，又名《淮南鸿烈》，成书于汉景帝时期，是西汉淮南王刘安及其门客集体编写的一部哲学著作，主要阐发了刘安等人的哲学见解、社会主张、政治思想等。鸿烈，广大而光明的意思。梁启超说："《淮南鸿烈》为西汉道家言之渊府，其书博大而有条贯，汉人著述中第一流也。"

《淮南子》原书内篇 21 卷、中篇 8 卷、外篇 33 卷，至今存世的只有内篇。在宇宙观本体论方面，《淮南子》继承了先秦道家的思想，并加以唯物主义改造。其书博大精深，内容庞杂，以道家的自然天道观为中心，糅合了法、墨、阴阳和部分儒家思想，对汉初的黄老思想做了系统而详尽的总结。其中也有《共工怒触不周山》《女娲补天》《后羿射日》等神话传说。《淮南子》在天文地理、兵略治术、草木鸟兽、风俗道德等方面均有所论述。

刘安（前 179—前 122），汉高祖刘邦之孙，淮南厉王刘长之子，是西汉知名的思想家、文学家。文帝十六年（前 164），刘安以长子身份袭封为淮南王，时年 16 岁。刘安博学善文辞，才思敏捷，招宾客方术之士数千，以藏书知名。汉武帝时，刘安因为谋反事发而自杀。

◆ 古之圣人，其和愉宁静，性也；其志得道行，命也。

【译文】古时候的圣人，和愉宁静，是他的天性；但他志向能否实现却取决于他的命运。

◆ 故自三代以后者，天下未尝得安其情性，而乐其习俗，保其修命，天而不夭于人虐也。所以然者何也？诸侯力征，天下合而不为一家。

【译文】所以从三代以后的那些岁月里，天下的人们再也不能安定他们的性情，享受纯朴风俗的快乐，保全生命，尽享天年而不夭折在战争人祸之中。造成这种惨状的原因是什么呢？就是因为诸侯间长年的征伐，天下不能成为大一统的国家。

◆ 是故人主覆之以德，不行其智，而因万人之所利。夫举踵而天下得所利。故百姓载之上弗重也，错之前弗害也，举之而弗高也，推之而弗厌。

【译文】所以，君主用道德来治理天下，而不只运用个人的智慧，只是依顺万民的利益来办事，所以他抬脚就能让天下人获得利益。这样，百姓将君主顶在头上也不会感到压迫，放在眼前也不会感到碍事，举过头顶也不会感到他高高在上，推崇他也不会产生厌烦。

◆ 夫将者，必独见独知。独见者，见人所不见也；独知者，知人所不知也。见人所不见，谓之明；知人所不知，谓之神。神明者，先胜者也。

【译文】将帅一定要有独到的见解和胆识。所谓独到的见解，是指能观察到别人观察不到的；所谓独到的胆识，是指能知道别人不知道的。能观察到别人观察不到的，叫作“明”；知道别人不知道的，叫作“神”。这“神”“明”就是取得胜利的先决条件。

35《吕氏春秋》

《吕氏春秋》，又称《吕览》，先秦杂家名著，吕不韦召集门客共同编撰，成书于秦始皇统一前夕。全书注重博采众家学说，以道家思想为主体，兼采阴阳、儒墨、名法、兵农诸家学说而贯通完成的一部著作，其记载了不少古史旧闻、古籍佚文及一些科学知识和思想观念，不少内容其他书中没有，具有相当的史料价值。司马迁称为“备天地万物古今之事”。

《吕氏春秋》内容十分丰富，全书共26卷，160篇，分12纪、8览、6论。12纪，是全书大旨所在，主要论述天时，分为《春纪》《夏纪》《秋纪》《冬纪》。《春纪》讨论养生之道，《夏纪》论述教学道理及音乐理论，《秋纪》讨论军事问题，《冬纪》讨论人的品质。8览，主要论述人事，从开天辟地，直至做人务本、治国之道。6论，主要论述地理，杂论各家学说。

吕不韦（前292—前235），姜姓，吕氏，名不韦，卫国濮阳（今河南省安阳市滑县）人。战国末年著名商人、政治家、思想家，官至秦国丞相。本书适应秦国大一统的需要，是当时的治国良策，体现当时治国思想。吕不韦认为本书包含了天地万物古往今来的事理，书成之日将其悬于国门，声称能改动一字者赏千金，无人能改之。

◆ 故治国无法则乱，守法而弗变则悖，悖乱不可以持国。世易时移，变法宜矣。

【译文】所以治理国家没有法度就会出现混乱，死守法度不加改变就会发生谬误，出现谬误和混乱是不能保守住国家的。社会变化了，时代发展了，变法是应该的了。

◆ 凡音者，产乎人心者也。感于心则荡乎音，音成于外而化乎内。是故闻其声而知其风，察其风而知其志，观其志而知其德。

【译文】大凡音乐，是从人的内心产生出来的。心中有所感受，就会在音乐中表现出来，音乐表现于外而化育于内。因此，听到某一地区的音乐就可以了解它的风俗，考察它的风俗就可以知道它的志趣，观察它的志趣就可以知道它的德行。

◆ 宋之野人耕而得玉，献之司城子罕，子罕不受。野人请曰："此野人之宝也，愿相国为之赐而受之也。"子罕曰："子以玉为宝，我以不受为宝。"故宋国之长者曰："子罕非无宝也，所宝者异也。"

【译文】宋国一个农夫耕地得到了一块玉，把它献给司城子罕，子罕不接受。农夫请求说："这是我的宝物，希望相国赏小人脸而把它收下。"子罕说："你把玉当作宝物，我把不接受别人的赠物当作宝物。"所以宋国德高望重的人说："子罕不是没有宝物，只是他当作宝物的东西与别人不同啊！"

◆ 人之情，不能乐其所不安，不能得于其所不乐。为之而乐矣，奚待贤者？虽不肖者犹若劝之。为之而苦矣，奚待不肖者？虽贤者犹不能久。反诸人情，则得所以劝学矣。

【译文】人之常情，不能喜欢自己所不安心的事物，不能从自己所不喜欢的事物中有所得。一件事如果做起来就感到快乐，不用说贤人，即使不肖的人仍然会努力去做。一件事如果做起来就感到苦恼，不用说不肖的人，即使贤人同样不能持久。从人之常情出发，就会得到勉励人们学习的道理了。

◆ 凡论人，通则观其所礼，贵则观其所进，富则观其所养，听则观其所行，止则观其所好，习则观其所言，穷则观其所不受，贱则观其所不为。

【译文】大凡衡量、评定人，如果他显达，就观察他礼遇的都是什么人；如果他尊贵，就观察他举荐的都是什么人；如果他富有，就观察他赡养的都是什么人；如果他听信言论，就观察他采纳的都是什么；如果他闲居在家，就观察他喜好的都是什么；如果他学习，就观察他说的都是什么；如果他困窘，就观察他不接受的都是什么；如果他贫贱，就观察他不做的都是什么。

36《法言》

《法言》，是模仿《论语》的体裁，采用问答形式撰写的哲学著作，成书于汉哀帝元寿元年（前2）。作者扬雄（前53—18），字子云，西汉著名学者，擅写辞赋，宗儒学。

《法言》共13卷，其基本宗旨是用礼义、孔孟之道批判先秦诸子及谶纬、神仙迷信，维护儒家正统观念，故名之曰“法言”。该书重视智，强调知识的重要；强调后天的学、习和行，肯定“学”的作用，反对老庄“学无益”的观点；在人性论上提出人性有善有恶，即“性善恶混”的观点，宣扬儒家的仁义道德思想；承认历史是进化的，肯定改革的必要；批判关于神仙的迷信观念，反对方士巫术、像龙致雨、神仙不死等，对人类能否成仙而长生不死明确否定。《法言》在当时起了进步的作用，促进了我国古代唯物主义哲学和无神论思想的发展，对科学技术的发展起积极作用，对后世桓谭、王充等产生过积极的影响。

◆ 人必先作①，然后人名之②；先求，然后人与之。人必其自爱也，而后人爱诸；人必其自敬也，而后人敬诸。

【注释】①作：作为，行事。②名：指称，评价。

【译文】一个人必须自己先有所作为，然后别人才会有所评价；必须自己先有所追求，然后别人才会有所给予。一个人必须首先自己爱自己，然后别人才会爱他；一个人必须首先自己尊敬自己，然后别人才会尊敬他。

◆ 多闻则守之以约①，多见则守之以卓②。寡闻则无约也③，寡见则无卓。

【注释】①守：把守，这里是掌握的意思。约：简要，引申为根本。②卓：高超，引申为精华。③无约：掌握不了根本。

【译文】学习要多听，然后抓住其中的关键；要多看，然后抓住其中的精华。听得少就不可能抓住关键，看得少就不可能抓住精华。

◆ 圣人之言，似于水火。或问水火。曰："水，测之而益深，穷之而益远①；火，用之而弥明②，宿之而弥壮③。"

【注释】①穷：极尽。②弥：愈，益。③宿：本义为止。

【译文】圣人的言论就像水火一样。有人问水火是什么样。扬子回答说："水，越测量它就感到越深，越追寻它就感到越远；火，越使用它就越亮，越保存它就越旺。"

◆ 圣人矢口而成言①，肆笔而成书。言可闻而不可殚，书可观而不可尽②。

【注释】①矢口：张口。矢，弛，松开。②殚（dān）、尽：都是穷尽的意思。

【译文】圣人一张口说的就是符合规范的话，一下笔写的就是符合规范的书。圣人的言语可以聆听，但不可能完全领会它的意义；圣人的书可以阅读，但不可能完全掌握它的内涵。

◆ 或问："屈原智乎？"

曰："如玉如莹，爰变丹青①。如其智②！如其智！"

【注释】①莹：玉石的光彩。爰（yuán）：乃，于是 。丹青：引申之义可谓文章的华彩。言屈原之放逐，犹玉加磨莹而成文采也。②如其智：这就是他的智。

【译文】有人问："屈原明智吗？"

扬子回答说："屈原品质高尚好像玉石那样晶莹，可惜未能实现他的抱负，结果化作光辉灿烂的诗章，留在了世上。这就是他的明智！这就是他的明智！"

◆ 君子之言，幽必有验乎明，远必有验乎近，大必有验乎小，微必有验乎著。无验而言之谓妄①。君子妄乎？不妄。

【注释】①妄：没有根据地乱说。

【译文】君子发表言论，对于幽暗的事物的判断，必须能在明显的事物上得到验证；对于遥远的事物的判断，必须能在切近的事物上得到验证；对于宏伟的事物的判断，必须能在微细的事物上得到验证；对于隐蔽的事物的判断，必须能在显著的事物上得到验证。没有验证而作出判断就是没有根据地乱说。君子能乱说吗？不能乱说。

37《中说》

《中说》(又称《文中子说》),是隋朝思想家王通的门人仿孔子门徒作《论语》而编的,用讲授记录的形式保存下王通讲课时的主要内容,以及与众弟子、学友、时人的对话集。

王通,字仲淹,隋河东郡龙门县通化镇人,生于北周大象二年(580),出身于官宦兼儒学世家。据《旧唐书·王勃传》记载,王通为“隋蜀郡司户书佐,大业末弃官归,以著书讲学为业”。卒于隋大业十三年(617),死后门人私谥为“文中子”,隋代大儒。

全书共为10个部分,包括王道篇、天地篇、事君篇、周公篇、问易篇、礼乐篇、述史篇、魏相篇、立命篇和关朗篇等,从王道论、教化论、圣贤论、经学论、中国论等五个方面阐述了“文中”之义,全书中心在于如何治国安邦、发扬王道、传播儒家学说。从中可以看出,王通的核心思想是正人心和讲诚信,其文学思想以“贯道济义”的文道观、“征圣宗经”的文史观为主。

◆ 王孝逸谓子曰:“天下皆争利弃义,吾独若之何?”子曰:“舍其所争,取其所弃,不亦君子乎?”

【译文】王孝逸对文中子说:“世上人为了争私利放弃仁义,剩我一个人该怎么办?”文中子说:“舍弃人们争夺的私利,获取人们舍弃的仁义,这不也是君子之所为吗?”

◆ 子闲居俨然。其动也徐,若有所虑;其行也方,若有所畏。其接长者。恭恭然如不足;接幼者,温温然如有就。

【译文】文中子闲居时总是一副严肃庄重的样子。他动作缓慢,仿佛若有所思；他走路时总是从旁而过，仿佛有所畏惧。他与长辈交往，毕恭毕敬，总感觉还有欠缺；他与小辈交往，宽厚温和，感觉他们是有所成就的大人物。

◆ 子曰："美哉，公旦之为周也！外不屑天下之谤而私其迹。曰：'必使我子孙相承，而宗祀不绝也。内实达天下之道而公其心。'曰：'必使我君臣相安，而祸乱不作。深乎深乎！'"

【译文】文中子说："太完美了，周公旦执掌周朝。对外，不顾天下人的诋毁而决意担当摄政之大任。说：'一定要使子孙相继大业，让宗祀延续。'对内，在天下施行仁政以表白其为民之心。说：'一定让我们君臣之间相安无事，不再发生动乱。'寓意深刻啊！"

◆ 文中子曰："问则对，不问则述，窃比我于仲舒。"又曰："吾不仕，故成业；不动，故无悔；不广求，故得；不杂学，故明。"

【译文】文中子说："有问有答，没问就自习，私下里我以董仲舒为榜样。"还说："我不做官，所以成就学业；我不轻举妄动，所以没什么懊悔；我没有什么都追求，所以能得到自己真正需要的东西；我用心不杂，所以能保持清醒的头脑。"

38《中论》

《中论》是一部政论著作，属子书。《四库提要》称其：“是书隋、唐志皆作六卷。大都阐发义理，原本经训，而归之于圣贤之道。”历代史书大多将其列入儒家。《群书治要》辑有《中论》逸文《复三年丧》和《制役》两篇，今存《中论》已非完本。通过分析历代官私书目对《中论》一书著录情况，可知该书在宋代时已经残缺。

徐幹（171—218），字伟长，魏晋时北海人，建安七子之一。《中论》为其主要著作，曹丕称此书“成一家之言，辞义典雅，足传于后”。

◆ 民之过，在于哀死而不爱生。悔往而不慎来。善语乎已然，好争乎遂事，堕于今日而懈于后旬，如斯以及于老。

【译文】人们的过错，在于为死亡而悲伤但却不珍惜有限的生命，常为过去的事情后悔，却不慎重考虑将来；喜欢谈论已经过去的事情，爱好争论已经完成的事情；懒散于今日，又懈怠于后日，如此一直到老。

◆ 小人朝为而夕求其成，坐施而立望其反，行一日之善，而问终身之誉，誉不至，则曰善无益矣，遂疑圣人之言，背先王之教，存其旧术，顺其常好，是以身辱名贱，而永为人役也。

【译文】小人早晨开始做事，傍晚就想做成；刚坐下来施行，站起来就指望有回报；做了一天好事，就希望有终身的荣誉；荣誉没有得到，就说做好事没有什么益处；于是就怀疑圣人的言论，背弃先王的教诲，保留其过去的做法，顺从其平素的喜好。因此身辱名贱，从而也难免为他人所役使。

◆ 君子者，行不苟合，立不易方，不以天下枉道，不以乐生害仁，安可以禄诱哉？虽强缚执之而不获已，亦杜口佯愚，苟免不暇，国之安危将何赖焉？

【译文】所谓君子，行事不随意合流，处世不改其正直；不为天下人的喜好而歪曲道义，不为保全自己的生命而损害仁爱，怎么可以用高官厚禄去诱惑他呢？即使用强制的手段控制他，使他不得已而从之，他也会闭口不言，佯装愚钝，苟且让自己免遭伤害。国家的安危，又依赖什么呢？

◆ 人之为德，其犹器欤，器虚则物注，满则止焉。故君子常虚其心志，恭其容貌[①]，不以逸群之才，加乎众人之上，视彼犹贤，自视犹不肖也[②]。故人愿告之而不厌，诲之而不倦。

【注释】①恭：肃敬。②不肖：谦辞，不才，不贤。

【译文】人们修养道德，就好像用一个器皿装东西。如果器皿空虚就可以盛物，器皿满了就不能再盛了。所以君子经常虚怀若谷、态度谦恭，不以自己超群出众的才华而凌驾于众人之上；看别人总觉得人家很贤德，看自己总感觉自己没有什么才能。因此，人家愿意不厌其烦地指证他，愿意永不倦怠地教导他。

◆ 谤之为名也，逃之而愈至，拒之而愈来，讼之而愈多[①]。明乎此，则君子不足为也；暗乎此，则小人不足得也。

【注释】①讼：争辩是非。

【译文】诽谤是关乎名声的事，你越逃避它越到来，你越推拒它越降临，你越辩解则会变得越多。明白这一道理，所以君子不屑于去这么做；不明白这一道理，那么小人就不可能有所得了。

39《政要论》

《政要论》又称《代要论》，或称《桓翻新书》《桓范世论》。《隋志·法家》记载《世要论》12卷，魏大司农桓范撰写。《旧唐志》记载《代要论》10卷，或称《桓子》，或称《魏桓范》，或称《桓范要集》。《群书治要》节选《政要论》14篇，据各书修补增订为1卷。

桓范（？—249），字元则，曹魏大臣，有文才，善丹青。建安末入丞相府，与王象等共撰《皇览》。延康元年（220）为羽林左监。魏明帝时任征虏将军、衮州刺史等。正始年间任大司农，为曹爽谋划，号称"智囊"。司马懿起兵讨伐曹爽，桓范劝曹爽挟魏帝到许昌，曹爽不听，被司马懿所杀，桓范也被杀。

《魏略》："范前在台阁，号为晓事，及为司农，又以清省称。"王广注："曹爽以骄奢失民，何平叔虚华不治，丁、毕、桓、邓虽并有宿望，皆专竞于世。加变易朝典，政令数改，所存虽高而事不下接，民习于旧，众莫之从，故虽势倾四海，声震天下，同日斩戮，名士减半，而百姓安之。莫之或哀，失民故也。"

◆ 忠臣之事主，投命委身，期于成功立事，便国利民，故不为难易变节，安危革行也。

【译文】忠臣侍奉君主，将自己的身心性命都交出去，目的在于能够成就一番功业，利国利民。所以，他不会因为事情的难易而改变自己的节操，因个人的安危而改变自己的行为。

◆ 凡国无常治，亦无常乱，欲治者治，不欲治者乱。后之国土人民，亦前之有也；前之有，亦后之有也。而禹独以安，幽、厉独以危，斯不易天地，异人民，欲与不欲也。

【译文】任何一个国家，不会有永久的大治，也不会有永久的大乱，只要励精图治就一定能治理好。如果不励精图治，必然会发生大乱。后世的国土和人民，也是前代所拥有的；前代所拥有的，也是后世所拥有的。（拥有同样的条件）大禹让天下安定和谐，周幽王、周厉王却让天下垂危。天地和人民并没有改变，只是一个想励精图治一个不想而已啊！

◆ 传曰：“欲不可纵。”历观有家有国，其得之也，莫不阶于俭约；其失之也，莫不由于奢侈。俭者节欲，奢者放情。放情者危，节欲者安。

【译文】《礼记》说：“欲望不可以放纵。”纵观历史，能够得到家国的无一不是来自于勤俭节约，而失去家国的，无一不是由于奢侈浪费。节俭的人懂得控制欲望，奢侈的人则会放纵情感；放纵情感的人危险，懂得节欲的人安全。

◆ 夫人生而有情，情发而为欲；物见于外，情动于中。物之感人也无穷，而情之所欲也无极。是物至而人化也。人化也者，灭天理矣。夫欲至无极。以寻难穷之物，虽有贤圣之姿，鲜不衰败。故修身治国之要，莫大于节欲。

【译文】人生来就会对事物产生感情，感情产生后就会发展为欲望。人只要接触到外界的事物，内心就会产生情感活动。外物对人情感的影响没有止境，而由情感所产生的欲望也没有止境。所以一旦任由外物控制了人的欲望，人的纯净纯善的本性就会转化为贪婪的习性。而一旦人的本性转化成了习性，人心对天理的感悟就不复存在了。人的欲望是没有止境的。如果一个人以内心无穷无尽的欲望，去追逐身外无穷无尽的物境，纵然有成圣成贤的资质，也很少有不中途颓堕和失败的。所以，修身治国的根本，没有比节制欲望更重要的了。

◆ 夫兵之要，在于修政①，修政之要，在于得民心，得民心，在于利之②，利之之要，在于仁以爱之，义以理之也。

【注释】①修政：修明政教。②利：作动词，使有利。

【译文】用兵的关键在于修明政教；修明政教的关键在于得到民心；要得到民心，在于让百姓得到利益；让百姓得到利益的关键，在于用仁爱之心爱他们，用道德仁义来治理他们。

40《政论》

《崔寔政论》共5卷，全书已佚，仅部分存于《后汉书·崔寔传》和《群书治要》。主要内容是提倡节俭，禁止奢侈，反对贪污，提高官吏待遇以养廉，实行徙民实边调整人口与耕地比例等。范晔评《政论》说“指切实要，言辩而确”，又说“子真持论，感起昏俗”。仲长统说：“凡为人主，宜写一通，置之坐侧。”严可均《全上古三代秦汉三国六朝文》辑有《政论》佚文。另著《四民月令》是关于农业生产的著作，大部分存于《玉烛宝典》之中。

崔寔（？—170？），字子真，东汉政论家。世家子弟，出身于名门高第。他敢于抨击黑暗现实，主张根据形势而革新。《后汉书·崔寔列传》说：“崔氏世有美才，兼以沉沦典籍，遂为儒家文林。”他和蔡邕齐名，号称“崔蔡”。崔寔一生甘受清贫，比较重视农业生产和人民生活，“所著碑、论、箴、铭、答、七言、祠文、表、记、书”凡10类15篇。

◆ 夫风俗者，国之脉诊也。不和，诚未足为休。书曰：“虽休勿休。况不休而可休乎”。

【译文】风俗犹如国家的脉搏症状，如果没有调和，就不该停止治疗。《书经》说：“治政虽美但不敢自以为美。更何况治政尚未休美，而可以自满并停止努力吗？”

◆ 国以民为根，民以谷为命，命尽则根拔，根拔则本颠，此最国家之毒忧，可为热心者也。

【译文】国家以百姓为根本，百姓以粮食为性命。粮食不足则百姓就不能生活，百姓生存不下去则国家就会被颠覆。这是国家最大的忧患，最令人焦心的事情。

◆ 昔圣王远虑深思，患民情之难防[①]，忧奢淫之害政[②]，乃塞其源以绝其末，深其刑而重其罚。夫善湮川者[③]，必杜其源，善防奸者，必绝其萌。

【注释】①民情：民众的风尚习俗等情况。②淫：奢侈淫逸。③湮（yīn）：堵住。

【译文】过去圣明的帝王计虑深远，思考深刻，忧虑民情难防，担心奢侈淫逸危害政治，于是从源头堵塞以断其末流，严明刑罚并从重处罚。善于堵水的人，一定会先堵住源头；善于防止奸邪的人，一定会消除祸乱的萌芽。

◆ 传曰："工欲善其事，必先利其器。"

【译文】《论语》中说："工匠如果想完成好工作，一定先要使工具锋利好用。"

◆ 夫民善之则畜，恶之则雠[①]，雠满天下，可不惧哉。是以有国有家者[②]，甚畏其民。既畏其怨，又畏其罚，故养之如伤病，爱之如赤子，兢兢业业，惧以终始。

【注释】①雠（chóu）：同"仇"。②有国有家者：指诸侯和大夫，诸侯的封地叫作"国"，卿大夫的封地叫作"家"。

【译文】善待百姓则百姓恭顺，恶待百姓则百姓仇恨。仇恨遍满天下，又怎能不惧怕呢？所以有国有封地者很畏惧百姓，既畏惧他们怨恨，又怕他们受罚。所以养成如同对待伤员病人一样，爱护他们如同对待出生的婴儿一样，自始至终，谨慎戒惧。

41《左传》

《左传》即《左氏春秋》，又称《春秋左氏传》，是注解《春秋》的一部史书，也是我国最早的一部编年体史书，共35卷。它与《春秋公羊传》《春秋·穀梁传》并称的“春秋三传”。本书叙事详尽，文笔生动，既是史学名著，又是文学名著。其实际记事比《春秋》多26年，以《春秋》为纲，说明其笔法，补充其经文，订正其错误。

左丘明（生卒年不详），姓左丘，名明。春秋末期鲁国人，传统史学创始人，被誉为“百家文学之宗、万世古文之祖”。另著有《国语》，同样记录了很多西周至春秋之时的历史资料。孔子、司马迁尊左丘明为“君子”，历代帝王多有敕封。左丘明的思想是儒家思想，较多反映了人民的利益和要求。

《左传》一书占有重要的历史地位。《经学通论·春秋》评说：“左氏叙事之工，文采丰富，即以史论，亦当在司马迁、班固之上，不必依傍经书，可以独有千古。”

◆ 故君子在位可畏，施舍可爱，进退可度，周旋可则，容止可观，作事可法，德行可象，声气可乐；动作有文，言语有章，以临其下，谓之有威仪也。

【译文】所以君子在位时能使人敬畏，施惠于人使人敬爱，进退可作为法度，与人交往可作为准则，仪容举止足以观赏，待人处事可以效法，道德品行可以学习，声音气度使人高兴，动作斯文典雅，说话条理分明。用这些来对待下属，就叫作有威仪。

◆ 其所善者，吾则行之。其所恶者，吾则改之。是吾师也，若之何毁之？我闻忠善以损怨，不闻作威以防怨。岂不遽止？然犹防川：大决所犯，伤人必多，吾不克救也；不如小决使道。不如吾闻而药之也。

【译文】他们（百姓）认为对的，就是我要努力实行的。他们所厌恶的，是我要改正的。他们是我的老师，为什么要毁掉乡校呢？我听说要尽力做善事以减少怨恨，没听说过依仗权势来防止怨恨。如果用堵塞的方法，民怨是可以马上制止，然而那样做就如同堵塞河流一样：河水大规模的决堤会造成更大程度的伤害，我是不能挽救的。不如开个小口疏通引导，不如我们听取这些议论后把它当成治病的良药。

◆ 良君将赏善而刑淫，养民如子，盖之如天，容之如地；民奉其君，爱之如父母，仰之如日月，敬之如神明，畏之如雷霆。

【译文】贤明的国君要奖赏好人而惩罚坏人，养育百姓像抚育儿女一样，像天一样庇护百姓，像地一样容纳百姓；民众侍奉他们的国君，热爱他如同热爱父母，敬慕他如同敬慕日月；崇敬他如同崇敬神明，畏惧他如同畏惧雷霆。

42《国语》

《国语》，也叫《春秋外传》，共21卷，约成书于战国初年，是先秦时一部重要的国别体史书。其文献资料来源复杂，记录了周王室与各诸侯国的历史，涉及政治经济军事外交文化，包括历史传说、各国政治制度、贵族朝聘宴飨和宗祠祭祀等。

关于本书作者，历来存在争议。司马迁认为是左丘明，他在《报任安书》中说："左丘失明，厥有《国语》。"就文学价值而言，《国语》虽不及《左传》，但比《尚书》《春秋》有所发展，其笔法缜密精炼、生动真切。作者长于记言，善于选择历史人物言论，并有虚构情节，以此来反映和说明社会问题。按一定顺序以国别分类的国别史体例，是《国语》体例上的最大特点。陈寿《三国志》、崔鸿《十六国春秋》、吴任臣《十国春秋》，都是对这一体例的发展。

◆ 夫美也者，上下内外，大小远迩，皆无害焉，故曰美。

【译文】所谓美，就是对上对下、对内对外、对大对小、对远对近都没有害处，所以才叫美。

◆ 夫从政者，以庇民也。民多旷者，而我取富焉，是勤民以自封也，死无日矣。我逃死，非逃富也。

【译文】当政的人是庇护百姓的，百姓的财物空了，而我却得到了富贵，这是使百姓劳苦来增加我自己的财富，那么我离死亡也就不远了。我是在逃避死亡，而不是逃避富贵！

◆ 吾闻事君者比而不党。夫周以举义，比也；举以其私，党也。

夫军事夫犯，犯而不隐，义也。

【译文】我听说侍奉君王的人应做到精诚团结，而不结党营私。对朝廷忠诚守信以举荐恪守大义的人，叫作比；利用举荐以谋私，叫作党。军事行动是不准冒犯的，触犯了则不徇私隐瞒，就叫作义。

◆ 国无经，何以令出？令之不从，上之患也，故圣人树德于民以除之。

【译文】国家没有一个长治久安的根本方略，政令从何而出？政令发布后得不到执行，这是当权者最值得忧患的，所以圣人要在人民心目中施恩树德来消除这一忧患。

43《史记》

《史记》是由司马迁撰写的中国第一部纪传体通史。记载了上自上古传说中的黄帝时代，下至汉武帝元狩元年（前122）间共3000多年的历史。《史记》最初没有固定书名，或称"太史公书"，或称"太史公传"，也省称"太史公"。全书共130篇，分12本纪，记历代帝王生平；10表，列大事年表；8书，记典章制度及礼乐等；30世家，记各国诸侯；70列传，记重要历史人物。

司马迁（前145—前87？），字子长，西汉时期史学家、文学家、思想家。本书创作历时13年，其取材广泛，内容包罗万象，遍及先秦历史文档以及诸子百家学说，并通过实地调查，对所获材料或加以取舍，或存疑备考，开创了纪传体这一史书体例。从《汉书》到《清史稿》，基本上都沿用了这一体例。与《汉书》《后汉书》《三国志》统称"前四史"，与司马光《资治通鉴》并称"史学双璧"。对后世影响极大，被称为"实录、信史"，极具文学价值，被鲁迅誉为"史家之绝唱，无韵之离骚"。

◆ 春秋之义行，则乱臣贼子惧焉。

【译文】《春秋》的思想如果能够得到推行，那么普天下的乱臣贼子就要害怕了。

◆ 帝尧者，放勋。其仁如天，其知如神，就之如日，望之如云，富而不骄，贵而不舒。

【译文】帝尧，名放勋。他的仁德有如苍天，覆盖大地；他的智慧有如神灵，无所不晓。人们对他的归附，如同葵花向太阳；人们对他的企盼，有如大旱望雨云。他富有而不骄奢，他尊贵而不放纵。

◆ 孔子布衣，传十余世，学者宗之。自天子王侯，中国言六艺者，折中于夫子，可谓至圣矣。

【译文】孔子活着的时候是一个平民百姓，死去又已经传至十几代了，而学者们至今把他奉为祖师。现在上起天子百姓，所有中国讲“六经”的人都把孔子的言论作为衡量一切的标准，真可以算得上是至高无上的圣人了。

◆ 骠骑将军为人少言不泄，有气敢任。天子尝欲教之孙吴兵法，对曰：“顾方略何如耳，不至学古兵法。”天子为治第，令骠骑视之，对曰：“匈奴未灭，无以家为也。”由此上益重爱之。

【译文】霍去病不爱讲话，性情内向，但果敢而有胆气。武帝曾经打算教他学习孙吴兵法，他说：“关键在于临时置宜，没必要学古人兵法。”武帝给他建造了府第，让他去看，他说：“匈奴还没消灭，没法考虑家的事！”因此，武帝更加重视喜爱他了。

◆ 高祖还归，过沛，留。置酒沛宫，悉召故人父老子弟纵酒，发沛中儿得百二十人，教之歌。酒酣，高祖击筑，自为歌诗曰：“大风起兮云飞扬，威加海内兮归故乡，安得猛士兮守四方！”令儿皆和习之。高祖乃起舞，慷慨伤怀，泣数行下。

【译文】高祖移驾北归，路过沛县时，他停下来。他在自己的老宅子里摆酒，遍召昔日父老子弟尽情饮酒。他从沛县城里找来一百二十个青少年，教给他们唱歌。等大家喝到兴高采烈时，高祖一边击筑，一边自己作歌道：“大风起兮云飞扬，威加海内兮归故乡，安得猛士兮守四方！”他让那一百二十名青少年都跟着唱。接着高祖又起来跳舞，他伤心感慨，眼泪不停地流下来。

44《汉书》

《汉书》，又称《前汉书》，东汉班固（32—92）编撰，我国第一部纪传体断代史，是继《史记》之后的又一重要史书。它与《史记》《后汉书》《三国志》并称“前四史”。全书记事始于汉高祖刘邦元年（前206），终于王莽地皇四年（23），共230年间的历史。

《汉书》完成于汉和帝时期，前后历时近40年。本书开创了“包举一代”的断代史体例，并以史料丰富、闻见博洽著称。汉武帝以后史事，采用了大量诏令、奏议、诗赋之类。不少原始史料，都是全文录入，因此更有史料价值。体例上沿袭《史记》，只是改“书”为“志”，把“世家”并入“列传”。唐代颜师古将篇幅较长者分开，成为现行本120卷，包括纪12篇、表8篇、志10篇、传70篇。

班固在《叙传》中说：“虽尧舜之盛，必有典谟之篇，然后扬名于后世，冠德于百王。”这说明了他著作的宗旨，有歌颂汉朝功德之意。《汉书》语言工整，多用排偶、古字古词，遣词造句典雅深奥，比较难读，这不同于《史记》平畅的口语化文字表述。

◆ 古之治天下者，朝有进善之旌，诽谤之木，所以通治道而来谏者也。

【译文】古代圣明的君主治理天下，朝廷专门设有进言献策的旌旗和批评朝廷的谤木，用来疏通治政的渠道，招致进谏的臣民。

◆ 古人有言：“临渊羡鱼，不如退而结网。”

【译文】古人有句话说：“与其站在河边想得到鱼，不如赶快回家去结网来捕鱼。”

◆ 自古及今，未有不亡之国也。故常战栗，不敢讳亡。孔子所谓“富贵无常”，盖谓此也。

【译文】从古到今，没有不灭亡的国家。所以心中应常怀恐惧，不敢忌言亡国。孔子所说“富贵无常”，大概就是这个意思。

◆ 欲人勿闻，莫若勿言；欲人勿知，莫若勿为。

【译文】想让别人听不到，不如自己不要说；想让别人不知道，不如自己不要做。

◆ 折直士之节①，结谏臣之舌②，群臣皆知其非，然不敢争。天下以言为戒，最国家之大患也。

【注释】①折：折毁，挫败。直士：正直、耿直之士。②结：系，扎缚。

【译文】挫伤正直之士的气节，扎住敢谏之臣的舌头，群臣都知道这样做是不对的，但却无人敢争辩。天下人以进言为禁戒，这是国家最大的忧患啊。

◆ 古者，圣王之制，史在前书过失，工诵箴谏，庶人谤于道，商旅议于市，然后君得闻其过失也。闻其过失而改之，见义而从之，所以永有天下也。

【译文】古代圣王的制度是：史官在面前记录君主的过失，乐官诵读劝规的话，百姓在道路上指责君主的过失，商旅之人在街市上议论君主的过错。这样一来，君主便能听到自己的过失。听到自己的过失并改正它，看到正义的事就依从去做，所以他能永久地享有天下。

◆ 王者必先自绝，然后天绝之。王者以民为基，民以财为本，财竭则下畔，下畔则上亡。是以明王爱养基本，不敢穷极，使民如承大忌。

【译文】帝王一定先自取灭亡，然后上天才灭绝他。帝王以百姓为基础，百姓以财产为根本，财产枯竭了，百姓就会叛乱，百姓叛乱国家就会灭亡。因此圣明的君主爱惜休养根本，不敢穷尽百姓的财力，使用民力如承大忌一样谨慎。

◆ 富者奢侈羡溢，贫者穷急愁苦，而上不救，则民不乐生。民不乐生，尚不避死，安能避罪？此刑罚之所以繁而奸邪不可胜者也。

【译文】富有的人奢侈富裕，贫穷的人穷困急迫、愁苦不堪，而在上位者不去救助，那么人民就会感觉到活着没有乐趣。人民如果不乐意活着，那就连死都不会躲避，又怎能惧怕犯罪呢？这就是刑罚繁多但奸邪仍然制止不了的缘故。

45《后汉书》

《后汉书》是一部记载东汉历史的纪传体断代史，也是继《史记》《汉书》之后又一部私撰史书。全书记录了从汉光武帝到汉献帝时共195年间的历史。本书结构严谨，编排有序，沿袭《史记》《汉书》体例，根据东汉历史特点编写，又有所创新。

范晔（398—445），字蔚宗，南朝宋顺阳（今河南淅川东）人，历史学家。出身士族家庭，生性狂狷不羁，官至左卫将军、太子詹士。宋文帝元嘉九年（432），因“左前宣城太守，不得志，乃删众家《后汉书》为一家之作”，始撰《后汉书》。后来因对朝廷不满，参与彭城王谋反而被杀，共写成了10纪，80列传。现存《后汉书》8志，30卷，由南朝梁刘昭从司马彪《续汉书》抽补。

范晔一生对社会的最大贡献，则是撰写了被后人称之为“前四史”之一的《后汉书》。范晔对其他各家撰著博采众长，斟酌取舍，并自定体例，订伪考异，删繁补略，写成《后汉书》。由于他的“后汉书”文约事详，逐渐取代了前人的著作。

◆ 古之亡国者，皆以无道。

【译文】古代灭亡的国家，都是因为暴君或权贵的恶行。

◆ 生而富者骄，生而贵者傲。生富贵而能不骄傲者，未之有也。

【译文】生来就富有的人骄，生来就地位贵显的人傲，生来富贵而能够不骄不傲的人，是不曾有过的。

◆ 上之所取，财尽则怨，力尽则叛。怨叛之民，不可复使。

【译文】在上位的人向百姓索取，如果耗竭了民间的财物，百姓就会怨恨；如果用尽了民间的力役，百姓就会叛乱。那些怀有怨恨和叛乱之心的人，是很难再听从国家的调遣了。

◆ 在上不骄，高而不危。制节谨度，满而不溢。敬之戒之。

【译文】居高位而不骄蛮，则位高而不危；节制而谨遵法度，则盛满而不溢。切记于心，时时警醒。

◆ 异为人谦退不伐①，行与诸将相逢，辄引车避道。进止皆有表识②，军中号为整齐。每所止舍，诸将升坐论功，异常独屏树下，军中号曰“大树将军”。

【注释】①伐：自我夸耀。②表识（zhì）：标记、标识。

【译文】冯异为人谦让从不自夸，出行和众将相遇，就让自己的车到路边避让。进退行处都有一定的地方，军中都称他有规矩。每次军队停下来作短暂休息，众将领一起坐下来讲论战功，冯异常常一个人避坐大树之下，军中称他为“大树将军”。

46《三国志》

《三国志》是由西晋史学家陈寿所著，记载三国时代的断代史，同时也是“二十四史”中评价最高的“前四史”之一。陈寿（233—297），字承祚，西晋巴西郡安汉县（今四川南充）人，史学家。他少而好学，就有志于史学事业，对于《尚书》《春秋》《史记》《汉书》等史书进行过深入的研究。

三国志最早以《魏志》《蜀志》《吴志》三书单独流传，直到北宋咸平六年（1003）三书已合为一书。全书一共65卷，其中《魏志》30卷，《蜀志》15卷，《吴志》20卷。《三国志》名为志其实无志，这不符合《史记》和《汉书》所确立下来的一般正史的规范。魏志有本纪，列传，蜀、吴二志只有列传。陈寿是晋朝朝臣，晋承魏而得天下，所以《三国志》尊魏为正统。《三国志》取材精审，文辞简约，但有史料不足的缺点。元末明初，罗贯中综合民间传说和戏曲、话本，结合陈寿《三国志》和裴松之注的史料，根据他个人对社会人生的体悟，创作了《三国志通俗演义》。

◆ 太祖少机警，有权数，而任侠放荡，不治行业，故世人未之奇也；惟梁国桥玄、南阳何颙①异焉。玄谓太祖曰：“天下将乱，非命世之才不能济也，能安之者，其在君乎！”

【注释】①何颙（yóng）：三国人物，字伯求。

【译文】曹操少年时很聪明，懂得权术，但是任性妄为，不置备安身立命之业，无所事事。所以当时的人都没有注意到他；唯有梁国桥玄、南阳人何颙两人能认识到他的雄才大略。桥玄曾对太祖说：“天下将大乱，没有治国安邦之才不能拯救，能平定天下的，恐怕就是你吧！”

◆ 先主之弘毅宽厚，知人待士，盖有高祖之风，英雄之器焉。及其举国托孤于诸葛亮，而心神无贰，诚君臣之至公，古今之盛轨也。机权干略，不逮魏武，是以基宇亦狭。然折而不挠，终不为下者，抑揆彼之量必不容己①，非唯竞利，且以避害云尔。

【注释】①揆（kuí）：揣度，揣测。

【译文】先主恢宏果毅，性情宽厚，知人善任，礼贤下士，颇有汉高祖刘邦之风度，怀英雄豪杰之器量。至于他把整个国家和辅佐太子的大事全权托付诸葛亮，而不存半点疑心，君臣实在都为正直无私至极之人，可谓古往今来最佳楷模。先主在机权谋略方面不及魏武帝曹操，是故所得疆域版图也较为狭小。但他百折不挠，始终不甘居于曹操之下，还因为他揣摩到曹操的气量难以容忍他，并非专是为了争夺名利，也是为了避免遭受迫害啊。

◆ 初，绍与公共起兵，绍问公曰："若事不辑，则方面何所可据？"公曰："足下意以为何如？"绍曰："吾南据河，北阻燕、代，兼戎狄之锐①，南向以争天下，庶可以济乎？"公曰："吾任天下之智力，以道御之，无所不可。"

【注释】① 戎狄（róng dí）：古时候对西北少数民族的统称，即北狄和西戎的合称。

【译文】当初袁绍与曹公一起举兵之时，袁绍曾问曹公："如果功业不成，那么什么地方可以据守呢？"曹公反问："您认为怎么办好呢？"袁绍回答："我南面据守黄河，北面依靠燕、代之地的险要，再加以戎、狄犀利的兵力，然后南进争夺天下，这样或许可以成大事了吧？"曹公回答："我运用天下所有有才智的人的力量，用先王的思想驾驭他们，就会百战百胜。"

◆ 孙权屈身忍辱，任才尚计，有勾践之奇，英人之杰矣。故能自擅江表，成鼎峙之业。

【译文】孙权委曲求全，忍受称臣的耻辱，任用有才能的人，崇尚谋略智计，有勾践那样的奇略，是英雄中的豪杰啊。所以他能独霸江东，成就与魏、蜀鼎足三分的大业。

◆ 文帝天资文藻，下笔成章，博闻强识，才艺兼该；若加之旷大之度，励以公平之诚，迈志存道，克广德心，则古之贤主，何远之有哉！

【译文】文帝天资聪颖，文采不凡，下笔成章，博闻强记，才艺双全；如果再具备博大的气度，修养公平的德行，追求远大的抱负，心存宏伟的道义，那么与古代的贤君相比，也差不多了。

47《晋书》

《晋书》，唐代房玄龄（579—648）等编撰。所记始于三国时司马懿早年，终于刘裕废晋自立。全书共130卷，包括帝纪10卷，志20卷，列传70卷，载纪30卷，叙例、目录失传。

唐太宗时设馆修史，《晋书》是第一部。唐朝以前，有多家晋史传世。唐太宗认为“制作虽多，未能尽善”，于是命房玄龄组织一批史家和学者加以重修，以南朝齐臧荣绪《晋书》为底本，参考其他诸家晋史和有关著作，“采正典与杂说数十部”。书中有“载记”30卷，记述了少数民族所建“十六国”政权的状况，这是纪传体史书体例上的一个创新。《晋书》问世后，“言晋史者，皆弃其旧本，兢从新撰”。

◆ 贤人相让于朝，大才之人恒在大官，小人不争于野，天下无事矣。以贤才治无事，至道兴矣。

【译文】贤能的人在朝廷相互谦让，有德高才备的人总会在高官之位，一般人也不会在下边争夺，天下也就会平安无事了。用贤能的人治理平安无事的社会，理想中的治世就出现了。

◆ 圣王深识人情而达治体，故其称曰：“不以一眚掩大德①。”又曰：“赦小过举贤才②”。又曰：“无求备于一人。”

【注释】①眚（shěng）：眼睛生翳，过错。②赦（shè）：免除和减轻刑罚。

【译文】圣王最深刻明了人之常情，而且通晓为政之道。所以他们说：“不要因为小的过错来掩盖大的德行。”又说：“原谅小的过错，推举有贤德的人。”又说：“对于一个人不能求全责备。”

◆ 大禹圣者，乃惜寸阴；至于众人，当惜分阴，岂可逸游荒醉？生无益于时，死无闻于后，是自弃也。

【译文】大禹是位圣人，还珍惜每一寸光阴。至于一般人，更应当珍惜每一分光阴，怎么可以放纵游乐、沉湎于酒色呢？活着的时候对国家没有益处，死后也默默无闻，这是自甘堕落不求上进呀。

◆ 为人不如厚己，利物不如图身，安上在于悦下，为己在乎利人。

【译文】想要施恩于他人，不如首先增益自己的品德；想要施恩于万物，不如首先修养自身。在上者想要地位稳固，关键在于使在下者悦服，要使自己受益，其根本在于使别人受益。

◆ 善为治者，纲举而网疏。纲举则所罗者广，网疏则小罪必漏。

【译文】善于治理国家的人，会抓住纲目要领而让法网稀疏一些。能够抓住总纲，那么它的涉及面就会很广，而法网稀疏则小过失就得以忽略。

◆ 夫人情，争则欲毁己所不知，让则竞推于胜己。

【译文】人之常情，互相争夺的时候，就想诋毁自己不知道的；互相谦让的时候，就会竞相推崇胜过自己的。

◆ 夫名状以当才为清，品辈以得实为平。治乱之要，不可不允。清平者，治化之美；枉滥者，乱败之恶也。不可不察。

【译文】称说一个人的生平要与其才能相当才叫作清正，品评一个人能够与他的实情相符合才叫作公平。这是关系到国家安定还是混乱的关键，不可不使人信服。清正、公平是治国化民的美事，枉法恣肆是乱法败政的恶事，对此不能不详察。

48《贞观政要》

《贞观政要》是唐代史学家吴兢著的一部政论性史书。全书10卷40篇，分类辑录了唐太宗在位的23年间与魏徵、房玄龄、杜如晦等大臣在治政时的问题，以及大臣们的争议、劝谏、奏议等，以规范君臣思想道德和军政思想。此外，也记载了一些政治、经济上的重大措施。

《贞观政要》和《旧唐书》《新唐书》《资治通鉴》等有关贞观政事的记载相比，较为详细，为研究唐初政治和李世民、魏徵等人的政治思想提供了重要资料。书中提出了“君依于国，国依于民”的重民思想，务实求治、与民休息、重视农业、发展生产的施政方针，“爱之如一”较为持平的民族政策，用人唯贤的主张，广开言路的开明措施，尊儒重教的文化政策，仁德先行、省刑慎罚的统治策略，以及俭约慎行、善始慎终的人格要求。它是中国开明封建统治的战略和策略、理论和实践的集大成。

◆ 夫仁义之道，当思之在心，常令相继，若斯须懈怠，去之已远。犹如饮食资身，恒令腹饱，乃可存其性命。

【译文】仁义之道，应当牢记于心，一刻也不能忘记，我们要不断地将仁义推行下去，如有片刻懈怠，就会远离仁义之道。这就好比用饮食来滋养身体，要让肚子经常吃饱，才能够维持生命。

◆ 凡为天子，若惟自尊崇，不守谦恭者，在身倘有不是之事，谁肯犯颜谏奏？朕每思出一言，行一事，必上畏皇天，下惧群臣。天高听卑，何得不畏？群公卿士，皆见瞻仰，何得不惧？

以此思之，但知常谦常惧，犹恐不称天心及百姓意也。

【译文】做了天子，如果只认为自己尊贵崇高，不保持谦逊恭谨的态度，倘若自己有过失，谁还会冒犯尊颜向他提意见呢？我每讲一句话，每做一件事，必定要上畏皇天、下惧群臣。天虽高，却能听到地上的议论，怎能不畏惧天呢？公卿百官，都在下面注视着我，这怎能不让人畏惧呢？因此，帝王即使常怀谦逊恐惧之心，恐怕还是不能称上天之心和百姓之意啊。

◆ 为政之要，惟在得人。用非其才，必难致治。今所任用，必须以德行、学识为本。

【译文】治国的关键，在于使用合适的人才；用人不当，就必然难以治理好国家。如今，任用人才必须以德行、学识为本。

◆ 夫以善相成谓之同德，以恶相济谓之朋党。

【译文】一般而言，我们把勠力同心做好事称作同德，把一起参与做坏事称作朋党。

◆ 是以古之哲王，尽己而不以尤人，求身而不以责下。故曰：“禹、汤罪己，其兴也勃焉；桀、纣罪人，其亡也忽焉。”

【译文】所以古代圣明的帝王，尽心尽力却不埋怨别人，严于律己而不苟责臣下。所以说：“大禹、商汤责备自己，故国家兴旺；夏桀、商纣怪罪别人，所以迅速灭亡。”

49《史通》

《史通》是中国古代史学上第一部系统的史学批评著作，成书于唐少帝元年（710）。作者刘知幾（661—721），字子玄，唐代史学家、学者。

本书共20卷，包括内篇10卷39篇，外篇10卷13篇，合52篇，今存49篇。它全面总结了中国古代史学的各个方面，从史书体裁体例、史料择取、史家修养、史学功用等各个角度，对史学工作做了规范和阐述，多有创见。内篇以评论纪传体史书体例为主，涉及史书体裁、体例、史料采集、表述要求和撰史原则及史家修养；内篇为《史通》的主要内容，重要贡献也体现于此。外篇则论述史官制度、正史源流，兼及史家、史著得失，并略申作者对于历史的见解；外篇的各篇之间无关联，无系统，似杂论。该书明确提出了“史才三长”理论，要求史学家须有史才、史学、史识，即搜集、分析资料、撰写著作的能力；对历史资料、历史知识的掌握能力；作者自己的判断取舍能力。另外，《史通》建立了史学批评、史学史和史学编撰的原则和基础，在我国史学发展史上有里程碑意义。

◆ 夫观乎人文，以化成天下；观乎国风，以察兴亡。是知文之为用，远矣大矣。

【译文】考察风俗文化的记载，可以据以教化天下；考察各国采集到的民歌，可以据以了解国家兴亡的迹象。由此可知文的作用，深远而广大。

◆ 夫人寓形天地，其生也若蜉蝣之在世，如白驹之过隙，犹且耻当年而功不立，疾没世而名不闻。

【译文】人活在天地间，其生命就好像蜉蝣朝生暮死一样短暂，又如白驹过隙一闪而过，然而人们仍然痛恨年轻时没能建功立业，惧怕死后声名默默无闻。

◆ 用使后之学者，坐披囊箧[①]，而神交万古，不出户庭，而穷览千载，见贤而思齐，见不贤而内自省。

【注释】①囊箧（qiè）：古代读书人多用以装书籍文稿，故亦借指书籍。

【译文】因此使得后世学者，静坐着翻阅史册就能神交万古，不出家门就能穷尽上千年的史事，见到贤能者便向他们学习，见到品行恶劣者而能反省自己。

◆ 是以美者因其美而美之，虽有其恶，不加毁也，恶者因其恶而恶之，虽有其美，不加誉也。

【译文】所以，好人因为其良好的道德而受到赞美，即使有过失，也不会受到指责；坏人因为其所犯的罪恶而被人憎恶，即使有好的一面，也不会受到颂扬。

50《资治通鉴》

《资治通鉴》，简称《通鉴》，是北宋司马光三编的一部多卷本编年体史书，共294卷，历时19年告成。它以时间为纲，事件为目，从周威烈王二十三年（前403）写起，到五代的后周世宗显德六年（959）征淮南停笔，涵盖16朝1362年的历史。它是中国第一部编年体通史，在中国官修史书中占有极重要的地位。

司马光（1019—1086），字君实，号迂叟，陕州夏县（今山西夏县）涑水乡人。《宋史》等有明确记载，世称涑水先生，生于河南省信阳市光山县，北宋史学家、文学家。历仕仁宗、英宗、神宗、哲宗四朝，卒赠太师、温国公，谥文正，主持编纂了中国历史上第一部编年体通史《资治通鉴》。为人温良谦恭、刚正不阿，其人格堪称儒学教化下的典范，历来受人景仰。生平著作甚多，主要有史学巨著《资治通鉴》《温国文正司马公文集》《稽古录》《涑水记闻》《潜虚》等。

◆ 吴王于武昌临钓台饮酒，大醉，使人以水洒群臣曰："今日酣饮，惟醉堕台中，乃当止耳！"张昭正色不言，出外，车中坐。王遣人呼昭还入，谓曰："为共作乐耳，公何为怒乎？"昭对曰："昔纣为糟丘酒池，长夜之饮，当时亦以为荣，不以为恶也。"王默然惭，遂罢酒。

【译文】吴王和臣下在武昌钓台上饮酒，酩酊大醉，吴王令人把水洒在大臣身上，使他们清醒后继续再喝，吴王说："今日畅饮，不醉倒在钓台上，我们不停杯！"张昭板着面孔一言不发，出去到外面坐在车子里。吴王派人将张昭叫回来，对他说："大家不过是共享欢乐，您为什么发怒？"张昭回答说：

“以前商纣王作糟丘和酒池，通宵饮酒，当时也以为很荣耀，没想过有什么不好。”吴王深感惭愧，一言不发，停止了酒宴。

◆（太宗）尝谓卿曰：“人欲自见其形，必资明镜；君欲自知其过，必待忠臣。苟其君愎谏自贤①，其臣阿谀顺旨，君既失国，臣岂能独全！如虞世基等谄事炀帝以保富贵②，炀帝既弑③，世基等亦诛。公辈宜用此为戒，事有得失，无毋尽言！”

【注释】①愎谏自贤：对别人的劝告态度刚愎自用，认为只有自己才是最聪明的。②谄事：逢迎侍奉。③弑：君主被臣下所杀。

【译文】（唐太宗）经常对大臣们说：“人想见到自己的样子，必定要靠明镜的帮助；君主想要了解自己的过失，必定需要忠臣的劝谏。如果君王刚愎自用不听劝告，大臣阿谀顺从，一旦君主亡了国，大臣怎么能保全自己呢！就像虞世基等人逢迎侍奉隋炀帝以求保全自身的富贵，隋炀帝被杀以后，虞世基等人也被处死。各位应当把这些当作前车之鉴，如果我处事有过错，你们要知无不言。”

51《日知录》

《日知录》是一部伟大的政治学术论著，成书于明末清初。作者顾炎武（1613—1682），初名绛，字宁人，江苏昆山人，学者称亭林先生，明清之际思想家、学者。该书是一经年累月、积金琢玉撰成的大型学术札记，是顾炎武“稽古有得，随时札记，久而类次成书”的著作。

《日知录》共36卷，以“明道”“救世”为成书宗旨，涵括了作者一生的学术观点和政治主张，提出“盈天地者，气也”等思想，不少论述切中时弊。全书分论经义、政事、世风、礼制、科举、艺文、名义、史法等。据此内容，大体可分为三类：经术、治道、博闻，而核心则是“治道”，哲学思想散见其中。在宇宙观上，认为天地之间皆是气；在认识论上，强调由认识具体事物继而求得通达道理；在人性论上，强调人性随人情的变化而改变。该书于清代康熙年间已有刻本，《四库全书》入子部杂家类。

◆ 救民以事，此达而在上位者之责也。救民以言，此亦穷而在下位者之责也。

【译文】以做实事来救民，这是显达而在上位的人的责任。以言论来救民，这也是穷困而处于下位的人的责任。

◆ 文之不可绝于天地间者，曰明道也，纪政事也，察民隐也，乐道人之善也。若此者有益于天下，有益于将来，多一篇，多一篇之益矣。

【译文】文章之所以不可绝于天地之间，是因为它可以阐明宇宙人生的根本道理，记录重大的政治事件，反映民生疾苦，表彰人们的美好德行。这样的文章有益于天下，有益于将来，多一篇就多一篇的好处。

◆ 知天子一位之义，则不敢肆于民上以自尊；知禄以代耕之义，则不敢厚取于民以自奉。不明乎此，而侮夺人之君，常多于三代之下矣。

【译文】懂得天子只是一种官职的意义，就不敢肆虐于老百姓之上以自尊；懂得俸禄是用来代替其耕种的意义，则不敢对老百姓多征赋税来奉养自己。三代以下的君主不明白这一道理，所以就有了很多肆无忌惮地欺侮和掠夺老百姓的昏君和暴君。

◆ 有亡国，有亡天下。亡国与亡天下奚辨？曰：易姓改号，谓之亡国；仁义充塞，而至于率兽食人，人将相食，谓之亡天下。

【译文】有亡国和亡天下两种情况。亡国和亡天下怎样区别呢？就是说，国号更替，他姓做了皇帝是亡国。仁义被阻绝，到了像带着野兽吃人一样残噬百姓，人与人之间相互残杀的地步，那就是亡天下了。

52《近思录》

《近思录》是南宋著名儒学大师朱熹（1130—1200）和吕祖谦（1137—1181）合作编写的一部理学入门书，成书于淳熙二年（1175）。全书共分14卷，622条，是从“北宋四子”周敦颐、程颢、程颐、张载著作中选取“关于大体而切于日用者”分类编纂而成。故《近思录》不是朱熹和吕祖谦本人的著作，而是“北宋四子”的言论语录的选编。

《近思录》主要论述了宇宙生成的世界本体，孔颜乐处的圣人气象，格物而穷理，存养而意诚，正心而迁善，修身而复礼，齐家而正伦理，乃至治国平天下及古圣王的礼法制度，全面阐述了理学思想的主要内容，故此书实可谓是囊括了北宋五子及朱吕一派学术的主体。在理学发展史上具有重要地位，为确立儒家道统和传播理学思想起了重要作用，被国学大师梁启超列为国学必读书之一，影响了中国、朝鲜半岛、日本学界八百多年，并被翻译成德文和英文传入欧美等地区。

◆ 天地万物之理，无独必有对，皆自然而然，非有安排也。每中夜以思，不知手之舞之足之蹈也。

【译文】天地万物的存在之理，没有单独存在的，必然是相对存在的，理都是自然而然的，不是特意安排的结果。每当我半夜想到这个道理，就不禁兴奋得手舞足蹈起来。

◆ 圣人之道，入乎耳，存乎心。蕴之为德行，行之为事业。彼以文辞而已者陋矣。

【译文】我们要把圣人之道听到耳朵里，存留在心中。把圣人之道蕴含于自己的德行之中，把实践圣人之道当作自己的事业。只是把圣人之道写成文章辞藻来表达，那实在就太浅陋了。

◆ 先生之门，学者多矣。先生之言平易易知，贤愚皆获其益。如群饮于河，各充其量。

【译文】程颢门下，学生众多。他的言语平易而容易理解，无论聪明还是愚笨的人都能获益。就如同群马一起饮河水，各自补充自己需要的水量一样。

◆ 君子之遇艰阻，必自省于身，有失而致之乎？有所未善则改之，无歉于心则加勉，乃自修其德也。

【译文】君子遇到艰难险阻，一定会反省自身，是什么样的过失导致的呢？如果有没有完善的就改正，如果内心没有什么可以愧疚的就继续发扬，这是君子自我修养德行的办法。

◆ 弘而不毅，则难立。毅而不弘，则无以居之。

【译文】志向宏大却没有毅力执行，那么事情很难做成。有做事的毅力却没有宏大的志向，那么人就会狭陋而无法周通。

◆ 君子之学必日新。日新者，日进也。不日进者，必日退，未有不进而不退者。惟圣人之道，无所进退，以其所造者极也。

【译文】君子的学问每天必然有新收获。每天有新收获，是说每天在进步。如果每天没有在进步，必然就是每天在退步，没有不进步不退步的人。只有圣人的道是没有进步与退步的，因为那已经到达了终点。

◆ 中者天下之大本，天地之间，亭亭当当，直上直下之正理。出则不是。惟“敬而无失”最尽。

【译文】“中”是天下的根本道理，“中”是天地之间不偏不倚、直上直下的正理。如果偏离了“中”，那就不再是正理了。只有对它“保持敬意而无过失”才是最合适的。

◆ 人之蕴蓄，由学而大。在多闻前古圣贤之言与行，考迹以观其用，察言以求其心。识而得之，以蓄成其德。

【译文】人的德行积累，是通过学习而博大的。人需要多听闻古代圣贤的言行，考察他们的事迹来观察用处，体会他们的言语来探求他们的内心。把这些都记在内心，并融会贯通，以积累成自己的美德。

53《传习录》

《传习录》是王阳明的问答语录和论学书信集。王守仁（1472—1528），中国明代哲学家、教育家，宋明道学中心学派的代表人物。其字伯安，浙江余姚人，因筑室会稽阳明洞，自号阳明子，世称阳明先生。他反对朱熹“格物致知”的理论，从自己的经历中，总结了经验，提出“致良知”的学术宗旨，认为这是从百死千难中得来，若信得这三字，譬之操舟得舵。

“传习”出自《论语》中的“传不习乎”一语。《传习录》全书分上、中、下三卷，包含了王阳明的主要哲学思想，是研究王阳明思想及心学发展的重要资料。《传习录》是一部儒家简明而有代表性的哲学著作，不但全面阐述了王阳明的思想，也体现了他辩证的授课方法，以及生动活泼、善于用譬、常带机锋的语言艺术，反映了王阳明“心即理也”“知行合一”“致良知”的主要理论，强调了道德的自觉和主宰性。

◆ 盖良知之在人心，亘万古，塞宇宙，而无不同。

【译文】大概良知存在于人心，这是绵延万古、充塞宇宙而又无所不同的。

◆ 夫圣人之心，以天地万物为一体，其视天下之人，无外内远近。

【译文】圣人之心，视天地万物为一体，他看待天下的人，不分内外远近。

◆ 其栽培涵养之方，则宜诱之歌诗以发其志意，导之习礼以肃其威仪，讽之读书以开其知觉。

【译文】有关教育的方法，应该通过咏唱诗歌来激发他们的志向，引导他们学习礼仪，借以严肃他们的仪容；教导他们读书，借以开发他们的智力。

◆ 盖其心学纯明，而有以全其万物一体之仁。故其精神流贯，志气通达，而无有乎人己之分，物我之间。

【译文】他们的心纯洁明澈，能够彻底实现万物一体达到仁的境界。所以他们的精神顺畅，志气通达，没有彼此的区分和物我的差别。

◆ 学校之中，惟以成德为事。而才能之异，或有长于礼乐，长于政教，长于水土播植者，则就其成德，而因使益精其能于学校之中。

【译文】学校里所做的事，只是为了成就德行。而每个人的才能是各不相同的，有的擅长礼乐，有的擅长政教，有的擅长治理水土和种植，那么就依据其各自的特长而成就各自的德行，从而使他们在学校中可以在自己擅长的方面更加精益求精。

54《明夷待访录》

《明夷待访录》诞生于明清之际，是一部具有启蒙性质的批判君主专制、呼唤民主政体的名著。该书共21篇，通过对历史的深刻反思，总结了秦汉以来特别是明代的历史教训，批判了封建君主专制制度，并提出了“天下为主，君为客”等一系列比前人更进一步的民主观念，具有鲜明的启蒙性质和民主色彩。

黄宗羲（1610—1695），字太冲，号梨洲，又号南雷，汉族，明末清初经学家、史学家、思想家、地理学家、天文历算学家、教育家，是近代著名的民主主义启蒙思想家、爱国者。其为浙江余姚人，复社成员，与顾炎武、王夫之并称“明末清初三大思想家”。

“明夷”是《周易》中的一卦，所谓“明夷”指有智慧的人处在患难地位。“待访”，等待后代明君来采访采纳。《明夷待访录》文字的特点是，他对于封建统治的现状批判很尖锐，而且是披着夏、商、周三代外衣的理想而托古改制。《明夷待访录》的出现，比卢梭的《民约论》还要早100年光景，有人称它为“另一部《人权宣言》”。《明夷待访录》反对君主专制，主张民权，对清末的维新派、革命派都有很大影响。

◆ 天子之所是未必是，天子之所非未必非，天子亦遂不敢自为非是，而公其非是于学校。

【译文】天子认可的未必对，天子否定的未必错，因此天子也不敢以自己的态度来判断是非，而把判断是非的任务交给学校的公论。

◆ 为臣者视民之于水火，即能辅君而兴，从君而亡，基于臣道固未尝不背也。

【译文】做人臣的如果不把人民的灾难困苦当成一回事，即使能够辅佐君主取得天下，或者跟随君主一同牺牲，也是对为臣之道的背离。

◆ 论者谓有治人无治法，吾以为有治法而后有治人。

【译文】有人说，有治理好天下的人才，而没有治理好天下的法度。我却要说，有能够治理好天下的法度，才能够有治理好天下的人才。

◆ 君臣之名，从天下而有之者也。吾无天下之责，则吾在君为路人。出而仕于君也，不以天下为事，则君之仆妾也；以天下为事，则君之师友也。

【译文】君臣的名分是根据天下产生的。要是没有担当天下的责任，那么对于君主来说也不过是个过路人。如果出仕成为君三的臣子的人，却不能以天下大道为行事准则，那么也不过是君主的仆妾罢了；但如果是能够以天下大道为行事准则，那就可以算是君王的帝师挚友了。

◆ 三代之法，藏天下于天下者也，山泽之利不必其尽取，刑赏之权不疑其旁落，贵不在朝廷也，贱不在草莽也。

【译文】三代之法是真正为百姓着想而设立的法度，山川河泽之利益不必完全攫取，刑狱赏罚的权利也不用怀疑旁落于人，不以身在朝廷而为贵，也不以身在乡野而为贱。

◆ 后之人主，既得天下，唯恐其祚①命之不长也，子孙之不能保有也，思患于未然以为之法。然则其所谓法者，一家之法，而非天下之法也。

【注释】①祚（zuò）：福；君主的位置。

【译文】后世的君主，得到天下之后，唯恐其帝王之位不长久，唯恐其子孙后代不能保有君位，思虑及此而制定了法律。但是他们所谓的法律只是君主一家一姓之法，而不是从百姓利益出发的天下之法。

◆ 后之为人君者不然，以为天下利害之权皆出于我，我以天下之利尽归于己，以天下之害尽归于人，亦无不可；使天下之人不敢自私，不敢自利，以我之大私为天下之大公。

【译文】后代做人君的却不是这样了。他们认为天下的利害大权都出于自己，将天下的利益都归于自己，将天下的祸患都归于别人，也没有什么不可以的。让天下的人不敢自私，不敢自利，将自己的大私作为天下的公利。

55《宋论》

《宋论》是对宋代历史的评论。作者王夫之（1619—1692），字而农，号姜斋，明末清初著名的思想家、哲学家，是中国朴素唯物主义思想的集大成者、启蒙主义思想的先导者，与黄宗羲、顾炎武并称为明末清初三大思想家。晚年居南岳衡山下的石船山著书立说，故世称其为“船山先生”。

《宋论》于1691年定稿，共15卷，按宋代帝王在位的先后顺序分别论述，一帝一卷，只是最后的度宗、恭宗、端宗及祥兴帝因时间太短而合为一卷，整部著作并排按专题进行论述，探讨王朝盛衰转变的根由。《宋论》不仅是船山史论思想的综合，而且体现了清初思想界以史为鉴，充分吸取传统文化中的精华，以及对汉民族思想文化生活的深刻反思与批判。

◆ 求之己者，其道恒简；求之人者，其道恒烦。

【译文】求之于自己的，其道总是很简明的；求之于他人的，其道总是很烦琐的。

◆ 人之可信者，不贪不可居之名；言之可信者，不传不可为之事。

【译文】人的可信，在于不贪求不可占有的名誉；言论的可信，在于不传播不可做的事。

◆ 夫士之怀知己也，非徒其名利也，言可以伸，志可以成，气以类而相孚，业以摩而相益。

【译文】士人们怀有知己之恩，不只是为了名利，而是为了自己的言论可以向上传达，自己的志向可以实现，声气相同就可相互信任，学业通过观摩而相互提高。

◆ 太祖勒石[①]，锁置殿中，使嗣君即位[②]，入而跪读。其戒有三：一、保全柴氏子孙；二、不杀士大夫；三、不加农田之赋。呜呼！若此三者，不谓之盛德也不能。

【注释】①勒（lè）石：刻字于石。亦指立碑。②嗣（sì）：接续，继承。

【译文】太祖刻了石碑，放在殿中并锁住殿门，让后来继位的君主在即位时进入殿内跪下读碑文。碑文写了三条戒语：一、保全柴氏子孙；二、不杀士大夫；三、不加农田之赋。呜呼！像这样的三条戒律，不称为盛德是不可能的。

56《昌言》

《昌言》是一部政治论著，东汉仲长统所著。原书已佚，《后汉书》节选《理乱》《损益》《法戒》三篇。此外，《群书治要》《太平御览》等书保存部分条目。本书针对东汉末年社会弊病，主张"限夫田以断并兼，急农桑以丰委积，严禁令以阶僭差，察苛刻以绝烦暴"，反对"选士而论族姓阀阅"，主张"核才艺以叙官宜"，提出"人事为本，天道为末"的观点。《昌言》辑本有清严可均《全后汉书》和马国翰《玉函山房辑佚书》。

仲长统（180—220），字公理。东汉末年哲学家、政论家。《后汉书·仲长统传》载，其"每论说古今及时俗行事，恒发愤叹息。因著论名曰《昌言》，凡 34 篇，十余万言"。他从小聪颖好学，博览群书，长于文辞，才华过人，洒脱不拘，敢直言，时人称为狂生。汉献帝时，尚书令荀彧举荐他为尚书郎，曾参与曹操军事活动，但没有得到重用。

◆ 大治之后，有易乱之民者，安宁无故①，邪心起也。大乱之后，有易治之势者，创艾祸灾②，乐生全也。

【注释】①无故：特指没有发生非常的变故。②创艾：因受惩治而畏惧。

【译文】长治久安之后，容易有作乱的百姓，这是因为安定太平没有动荡，人们就会萌生邪恶之心。大乱之后，有容易治理的趋势，这是因为百姓饱受灾祸的伤害，渴望保全生命。

◆ 教有道，禁不义，而身以先之，令德者也①。身不能先，而聪略能行之，严明者也。忠仁为上，勤以守之，其成虽迟，君子之德也。

【注释】①令德：美德。

【译文】教育人讲求道德，禁止不义之行，自己能率先垂范，是有美德的人；自己不能率先垂范，而聪明谋略能明正法令，是严明的人。以忠孝仁义为上，勤加守护不失，成效虽慢，是君子的美德。

◆ 故事亲而不为亲所知，是孝未至者也；事君而不为君所知，是忠未至者也；与人交而不为人所知，是信义未至者。

【译文】所以说，孝侍双亲而不被双亲了解，是孝道没有行圆满；侍奉君主而不为君上所了解，是忠诚没有行圆满；与人交往而不被人了解，是信义没有行圆满。

◆ 表正则影直[1]，范端则器良[2]。行之于上，禁之于下，非元首之教也[3]，君臣士民，并顺私心，又大乱之道也。

【注释】①表：做标记的木柱。②范：模子，制作器物的模型。③元首：君主。

【译文】木柱端正影子就直，模子端正则铸造出的器物就好。皇帝大臣照样去做而禁止百姓去做，这不是君主应推行的教化。君主、臣子、士人、百姓都顺其私心行事，是造成大乱的做法。

◆ 犹十五志学[1]，朋友讲习，自强不息[2]，德与年进，至于七十，然后心从而不逾矩[3]，况于不及中规者乎？而不自勉也？

【注释】①志学：专心求学。②自强不息：努力向上，永不停息。③不逾矩：不越出规矩。

【译文】圣人尚且十五岁立志学习，与志同道合的人在一起切磋学问，自强不息，品德随年龄增长而完善，到七十岁才随心所欲而不会超越规范。何况言行尚不能合乎规范的人，能不自我勉励吗？

◆ 教化以礼义为宗，礼义以典籍为本。常道行于百世，权宜用于一时，所不可得而易者也。

【译文】教育感化以礼义为主，礼义以经典古籍为根本。不变的常理通行于世世代代，暂时适宜的方法只能适用于一时，这二者是不可以相互替代的。

57《焚书》

《焚书》《续焚书》是反对封建传统思想的力作，成书于明万历年间。作者李贽（1527—1602），字宏甫，号卓吾，明代著名的思想家、文学家，中古自由学派鼻祖，泰州学派的一代宗师，且以“异端”自居。

全书由“书答”“论说”“随感”“序引”“传略”组成，书中指斥道学家们是一群道貌岸然的假道学，戏称“阳为道学，阴为富贵，被服儒雅，行若狗彘”，同时对统治阶级所极力推崇的孔孟之学也大加鞭挞，以戏谑嘲讽的笔调贬低孔子，称“虽孔夫子亦庸众人类也”。此外书中还对封建礼教压迫下的女性给予深切的同情，对统治者鱼肉百姓的行为予以无情的揭露，可以说作品几乎篇篇都触及社会，字字都饱含激愤，对人们解放思想和摆脱封建传统思想的束缚，产生了极大的影响，因而被统治阶级视为洪水猛兽。李贽也深知其见解为世所不容，故将著作名之为《焚书》，以后果然于明清二代多次遭焚烧，但却是屡焚屡刻，在民间广为流传。

◆ 夫孔子未尝教人之学孔子，而学孔子者务舍己而必以孔子为学，虽公亦必以为真可笑矣。

【译文】孔子没有让别人学他，可是学孔子的人一定要丢弃自己的观点，否定自己的能力，顽固地把孔子当作学习的榜样，即使是你，也一定觉得这种做法真是可笑吧！

◆ 故性格清彻者音调自然宣畅，性格舒徐者音调自然疏缓，旷达者自然浩荡，雄迈者自然壮烈，沉郁者自然悲酸，古怪者自然奇绝。

【译文】所以，性格清亮透明者的诗的音调自然通畅，性格从容不迫者的诗的音调自然宽和，性格开朗达观者的诗的音调自然浩荡，性格雄壮豪迈者的诗的音调自然壮烈，性格低沉忧郁者的诗的音调自然悲苦酸楚，性格怪异者的诗的音调自然奇险绝伦。

◆ 夫童心者，真心也。若以童心为不可，是以真心为不可也。夫童心者，绝假纯真，最初一念之本心也。若失却童心，便失却真心，失却真心，便失却真人。人而非真，全不复有初矣。

【译文】童心，就是真心。如果认为童心不好，也就是认为真心不好。要知道，儿童之心，天真无邪，是人来到世间最原始的情感。如果一个人丧失了童心，便也丧失了真心；丧失了真心，就不成其为真人。人的情感虚假了，就完全丧失了纯真的本性。

◆ 夫凡有大才者，其可以小知处必寡，其瑕疵处必多，非真具眼者与之言必不信。

【译文】凡是有大才之人，表现在小事情上的小聪明很少，身上的毛病也必然很多，不是真正有特殊眼力的人并同他交谈，那是很难认识他的。

◆ 且夫世之真能文者，比其初皆非有意于为文也。其胸中有如许无状可怪之事，其喉间有如许欲吐而不敢吐之物，其口头又时时有许多欲语而莫可所以告语之处，蓄极积久，势不能遏。一旦见景生情，触目兴叹，夺他人之酒杯，浇自己之垒块，诉心中之不平，感数奇于千载。既已喷玉唾珠，昭回云汉，为章于天矣。遂亦自负，发狂大叫，流涕恸哭，不能自止。

【译文】而且，世界上真正能写好文章的人，往往在最初都不是有意去写文章的。他们心里有那么多无法形容而可惊可怪的事情，他们喉咙里有那么多想吐而不敢吐的东西，他们的嘴边又时时刻刻有许多想说的话而没有可倾吐的机会，蓄积到了极点就势必达到不可抑制的地步。那些作文者一旦见景生情，触目兴叹，就拿起别人的酒杯，浇自己心中的郁闷；诉说内心的不平，感慨千百年来人们不幸的命运。既已吐出珠玉一般美妙的言词，写出焕发异彩的好文章，自己也就心满意足，甚至激动得发狂大叫、痛哭流涕，克制不住自己。

58《正蒙》

《正蒙》，一名《张子正蒙》，北宋哲学家张载（1020—1077）的重要哲学著作，约成书于熙宁九年(1076)。张载是北宋五子之一，是宋明理学史上不可绕开的人物。《蒙》是《周易》的一个卦名，该卦彖辞中有“蒙以养正”语。蒙，即蒙昧未明；正，即订正。意即从蒙童起就应加以培养。张载说：“养其蒙使正者，圣人之功也。”书名由此而来。

张载著《正蒙》的主要目的，是用儒家学说批判佛、道思想，建立气一元论的哲学体系，由太和篇第一、参两篇第二、天道篇第三、神化篇第四、动物篇第五、诚明篇第六、大心篇第七、中正篇第八、至当篇第九、作者篇第十、三十篇第十一、有德篇第十二、有司篇第十三、大易篇第十四、乐器篇第十五、王禘篇第十六、乾称篇第十七共17部分组成。书中以《易传》为根据，论证了物质的气是世界的本原，批判了佛教“以心法起灭天地”“诬天地日月为幻妄”及老子“有生于无”的思想。在中国哲学史上，第一次从世界观的高度揭示了佛教唯心主义哲学的实质。《正蒙》提出的“一物两体”思想，对古代朴素辩证法的发展作出了重要贡献。

◆ 行之笃者，敦笃云乎哉！如天道不已而然，笃之至也。

【译文】行事持之以恒，这就是敦笃的品德呀！就像天道化育万物亘古不息，这是敦笃的极致。

◆ 天下有道，道随身出；天下无道，道随身屈。

【译文】天下若有道，那么道跟随道自己一起彰显出来；天下若无道，那么道跟随自己一起隐匿起来。

◆ “蒙以养正”，使蒙者不失其正，教人者之功也。尽其道，其惟圣人乎！

【译文】“蒙以养正”，就是使蒙昧之人不丧失中正的德性，这是教育者的功德。能将人教育得最好，只有圣人才能做到啊！

◆ 言有教，动有法；昼有为，宵有得；息有养，瞬有存。

【译文】言词要合乎教条规矩，行动要符合礼乐法度；白天要学习且当践行所学，夜晚须静思以感悟所得；鼻子一呼一吸之间有天理涵养我心，眼睛一开一阖之瞬能存守天理而不驰心于外。

◆ 志大则才大、事业大，故曰“可大”，又曰“富有”；志久则气久、德性久，故曰“可久”，又曰“日新”。

【译文】志向高远就能获得大才能、成就大事业，所以说“可大”，又称“富有”；能使志向敦笃就能使行动持久、德性恒久，所以说“可久”，又称“日新”。

◆ 立斯立，道斯行，绥斯来[1]，动斯和，从欲风动，神而化也。

【注释】①绥（suí）：安抚。

【译文】教化他人立足社会，他人自然能立足社会；引导他人前进，他人自然会前进；安抚感化他人，他人自然远来投靠；一旦动员他人，他人必定勠力同心，从心所欲而天下自然大治，就好像风过处而草自然偃躺下来，这是天道神妙化育万物的方式。

◆ 中正然后贯天下之道，此君子之所以大居正也。盖得正则得所止，得所止则可以弘而至于大。

【译文】做到中正然后能贯通天下之道，这就是君子行事至当而不违礼法的原因。处事正确就能够适可而止，能够适可而止就可以扩充自己的德性以至符合天道之大。

59《弘明集》

《弘明集》是中国佛教史上第一部护法弘教的文献汇编，即一部佛教文集，由南朝梁武帝时佛学名师僧祐（445—518）编撰，成书于南朝天监年间。今本《弘明集》共14卷，约14万字，收录了自东汉至南朝齐、梁时代五百年间教内外人士护法御侮、弘道明教及其与之相关的论文、书信、诏令、奏表、檄魔等各类文论共185篇，意在回应当时社会上各种怀疑、讥讽、批评甚至废毁佛教的言行和思想，释疑解难，弘扬佛教。正如该书序云："道以人弘，教以文明，弘道明教，故谓之《弘明集》。"集中从不同的角度反映了此一时期佛教的基本教义、传播状况以及佛教与儒家、道教等本土思潮的相互关系。该书涉及佛教教义与中国传统儒家伦理冲突融合的许多重大而基本的问题，对中国哲学史、宗教史、思想史、佛教中国化问题的研究与探讨均有极大参考价值。

◆ 夫道以人弘，教以文明，弘道明教。

【译文】大道的真谛需要人的努力传播才能得到弘扬，教化的内容需要好的文辞才能得到阐明，我编纂这些文字的目的，就在于弘扬大道、阐明教化。

◆ 大道无为，非俗所见，不为誉者贵，不为毁者贱。用不用自天也，行不行乃时也，信不信其命也。

【译文】道，博大精深、崇尚无为，不是平常人所能理解的。它不因人们的赞誉而显得高贵，也不因人们的毁谤而变得低贱。它能否被世人信仰、采用和施行都取决于上天的安排，取决于特殊的机缘命运啊。

◆ 渴者不必须江海而饮，饥者不必待廒仓而饱。道为智者设，辩为达者通，书为晓者传，事为见者明。

【译文】干渴的人不必非要到江海中去饮水，饥饿的人不必非要到粮仓中去填饱肚子，道是为聪明人设立的，议论是说给明白人听的，书是为看得懂的人写的，事情要碰到有见识的人才能剖明。

◆ 轻羽在高，遇风则飞；细石在溪，得流则转。唯泰山不为飘风动，磐石不为疾流移。梅李遇霜而落叶，唯松柏之难凋矣。

【译文】羽毛在高空中遇到风就被吹跑了；小石子在小溪里被水一冲就滚动了，而泰山不会被大风吹动，磐石不会被急流冲走。梅树和李树遇到霜雪就会落叶，而松柏在霜雪中却不会凋零。

60《坛经》

《坛经》，一名《六祖法宝坛经》，是中国佛教禅宗创始者、禅宗六祖慧能（一作惠能，638—713）的传法记录，是绝无仅有的一本被称作“经”的由中国僧人撰述的佛典。

《坛经》记载了慧能得法传宗的经历和启导门徒的言教，是禅宗最重要的经典。此经主张人生觉悟和解脱之道在我不在天，在内不在外，唯一的正途是认识自身本性，实现自我。此经倡导“众生平等，无有高下”“凡圣如一”“众生皆有佛性”，因此蔑视言教，挑战权威，视一切名言经典只不过是开智悟道的方便之门。

《坛经》是印度佛教文化和中国传统文化融合的结晶，也是中国祖师顿悟法的根本源流，是佛弟子明心见性的法宝，是中国研究佛教、文学、哲学的一个宝库，被钱穆誉为七部中国学子必读的书之一。

◆ 祖相送直至九江驿。祖令上船，五祖把橹自摇。惠能言：请和尚坐，弟子合摇橹。祖云：合是吾渡汝。惠能云：迷时师度，悟了自度，度名虽一，用处不同。惠能生在边方，语音不正，蒙师传法，今已得悟，只合自性自度。

【译文】五祖一直把惠能送到江西九江驿。五祖让惠能上船，五祖抓起橹亲自摇起来。惠能说：“师父请坐，应该弟子摇橹。”五祖说：“应该是我度你到彼岸。”惠能说：“我迷悟时师父度我，我开悟时应当自己度自己，同样是度，但师父度我和我度自我，用起来却不一样。惠能我生长在边远地方，连语言发音都不正确，承蒙师父传授教法，现在已经得悟，应该以自己本心自己度自己了。”

◆ 本来正教，无有顿渐，人性自有利钝。迷人渐修，悟人顿契，自识本心，自见本性，即无差别。所以立顿渐之假名。

【译文】原本真正的教法，没有顿渐之分，人性本来有聪明和愚钝。愚钝的人渐次修行，聪明的人顿时契悟，自我识见本心，自我识见本性，就没有顿悟渐悟的差别了。所以顿悟渐悟只是权且设立的假名而已。

◆ 缘其人中有愚有智，愚为小人，智为大人。愚者问于智人，智者与愚人说法，愚人忽然悟解心开，即与智人无别。

【译文】由于世界上的人中有愚迷的，也有智慧的，愚迷的是小人，智慧的是大人。愚迷的人向智慧的人请教，智慧的人给愚迷的人说法，愚迷的人忽然开解得悟，随即他的境界就与智慧的人没有差别了。

61《忍经》

《忍经》是历代名人有关“忍”的言论和历史上隐忍谦让、忠厚宽恕的人物、事例的汇编，可以说是一本关于古代隐忍故事的读本，成书于元大德十一年（1307）。作者吴亮（生卒年不详），字明卿，号蟾心，杭州人，生平事迹已无从考证，仅留一部《忍经》传世。从《忍经》自序中可知，其“精于经术吏事”，曾任海运元幕，后解任淡雅自居。

全书共收录了自先秦至宋代的有关隐忍的故事及言论156条，分别从道德、修身、读书、安贫乐道、教子、忠孝和勤俭等方面，揭示了为人处世之真谛。其中值得注意的是，书中不仅仅有隐忍故事，还有作者对“忍”的不同凡响的见解，使得“忍”可以由俚俗而近于经典，使“忍”从一种处世手段变成一种人生修养。

◆ 吕正献公著[①]，平生未尝较曲直[②]；闻谤，未尝辩也。少时书于座右曰：“不善加己，直为受之[③]。”盖其初自惩艾也如此[④]。

【注释】①吕正献公著：即吕公著，字晦叔。②较曲直：计较对错。③直为：径直，直接。④惩艾：引以为戒。

【译文】吕公著一生从来不与人计较是非曲直，听到别人诽谤他，也从不申辩。年少时写了一副这样的座右铭：“别人对你做了不好的事，你只管承受下来。”他当初警励自己就如此严厉。

◆ 娄师德深沉有度量，其弟除代州刺史，将行，师德曰：“吾备位宰相，汝复为州牧，荣宠过盛，人所嫉也，将何术以自免？”

弟长跪曰："自今虽有人唾某面，某拭之而已。庶不为兄忧。"师德愀然曰[1]："此所以为吾忧也。人唾汝面，怒汝也，汝拭之，乃逆其意，所以重其怒。不拭自干，当笑而受之。"

【注释】①愀（qiǎo）然：形容神色变得严肃或不愉快。

【译文】娄师德性格稳重，很有度量。他的弟弟出任代州刺史，即将上任，娄师德对他说："我位至宰相，你现在又出任州官，我们家受皇帝的恩宠太多了，这正是别人所嫉妒的，你有什么办法避免这些嫉妒呢？"娄师德的弟弟跪在地下说："从今以后，即使有人朝我的脸上吐唾沫，我自己擦去就算了，决不让你担忧。"娄师德面色严峻地说："这正是我所担忧的。人家向你吐唾沫，是恨你，如果你将唾沫擦去，正违反了吐唾沫的人的意愿，只会加重他对你的愤怒。应该不擦去唾沫而让它自己干，这样笑着接受它。"

62《挺经》

《挺经》是曾国藩(1811—1872)的“压案之作”。《挺经》详细记录了曾国藩在官海沉浮中总结出的十八条心法，是其从自身的成败得失中总结出的一套独到的为人为官的基本原则和理论。所谓“挺”，即势不可用尽，功不可独享，大名要推让几分，盛时要做衰世想，刚柔相济，无为而无不为；百尺竿头，不能再进一步；欠缺本身就是完美。曾国藩以盖世之功而能于众说诋毁中安然保全自身，全赖这一“挺”字。主动、积极、参与，以恬淡的出世之心来入世，在困厄中求出路，在苦斗中求挺直，如此方能在前有猛虎后有毒蛇的情况下不受其左右，方才能气定神闲享受人生之至高境界。每卷分上、中、下三篇，每篇以经为纲，以事为纬，包括经文、译文、事典、点评四个部分。

◆ 君子之立志也，有民胞物与之量，有内圣外王之业，而后不忝于父母之生①，不愧为天地之完人。故其为忧也，以不如舜不如周公为忧也，以德不修学不讲为忧也。

【注释】①忝（tiǎn）：辱没他人而自己感到惭愧。

【译文】君子要建立远大的志向，有以民众为同胞，并奉献出民众需要的物质财富的胸襟气度；有对内振兴民族，对外开创博大业绩的雄心壮志。这样奋发有为，才无愧于父母生养恩情，才不愧为世间最崇高的人。所以，值得他忧虑的是事业不如舜帝不如周公，是为不修道德不精通学问而忧虑。

◆ 文章之道，以气象光明俊伟为最难而可贵。如久雨初晴，登高山而望旷野；如楼俯大江，独坐明窗净几之下，而可以远眺；如英雄侠士，裼裘而来[①]，绝无龌龊猥鄙之态[②]。此三者皆光明俊伟之象。

【注释】①裼（xī）裘：泛指袒露里衣，形容不拘礼仪。②龌龊（wò chuò）：卑鄙，丑恶。猥鄙（wěi bǐ）：卑劣，低劣。

【译文】写作文章的技巧，以气势宏伟广阔，境界明朗光大最为难能可贵。就如同久雨初晴之时，登临高山远眺旷野；就好像身处俯临大江的高楼之中，独坐明窗净几之下的极目远望；就好比阔步而来的英雄侠士，虽里衣袒露，但决无龌龊猥鄙之态。这三者都是光明俊伟的气象。

63《呻吟语》

《呻吟语》是探讨人生哲理的一部著作，成书于明万历癸巳年（1593）间，创作历时三十年。作者是明朝晚期著名思想家、哲学家吕坤（1536—1618）。

《呻吟语》全书共6卷，前三卷为内篇，后三卷为外篇，分为性命、存心、伦理、谈道、修身、问学、应务、养生、天地、世运、圣贤、品藻、治道、人情、物理、广喻、词章等17篇，涉猎广泛，体悟性强。

在艺术形式上，全书主要采用随笔式语录体的形式，其中有许多极富哲理的人生箴言，集寓言性、文学性、趣味性、哲理性于一身，读之令人警醒，动人性情。在内容上，全书基本是针对明朝后期由盛转衰出现的各种社会弊病，提出了兴利除弊、励精图治的种种主张，并阐述了作者对修身养性、人情世故等方面的心得体会和见解，对当今世人颇有借鉴意义。

◆ 实见得是时，便要斩钉截铁，脱然爽洁，做成一件事，不可拖泥带水，靠壁倚墙。

【译文】一旦根据实际确定对的时候，就要斩钉截铁，洒脱爽快。做成一件事情，不能拖泥带水，没有主见。

◆ 君子与人共事，当公人己而不私。苟事之成，不必功之出自我也；不幸而败，不必咎之归诸人也。

【译文】君子与他人处事，应公平对待，不应存有私心。如果事情办成了，没有必要把功劳归于自己；假如不幸失败了，也不要把过错都推给别人。

◆ 浑厚，天之道也。是故处万物而忘言，然不能无日月星辰以昭示之，是寓精明于浑厚之中。

【译文】浑厚是自然的法则。所以世上万物相互依存，浑然一体，而不需要用言语来表达，然而不能没有日月星辰来昭示天道，这是寓精明于浑厚之中。

◆ 圣人做出来都是德性，贤人做出来都是气质，众人做出来都是习俗，小人做出来都是私欲。

【译文】圣人的行为都是根据其德性做出来的，贤人的行为都是根据其气质做出来的，常人的行为都是根据其习俗做出来的，小人的行为都是根据其私欲做出来的。

64《小窗幽记》

《小窗幽记》，一名《醉古堂剑扫》，是一部格言类小品集，于清乾隆年间首次刊印。作者陈继儒（1558—1639），字仲醇，号眉公，华亭（今上海松江）人，明代著名的文学家和书画家。

全书共分醒、情、峭、灵、素、景、韵、奇、绮、豪、法、倩12卷。从做人、处世、感情、个性、境界、品味、气度、法度等各方面入手，立体地论及人如何塑造自身、增加涵养、立身处世、怡情养性，而且关涉到世情、历史、山水自然、艺术及文学鉴赏等多方面的内容。在纷繁复杂的生活中，这部书以其卓越的智慧、脱俗的品位及隽永深长的意韵，令人感到心地宁静澄明，同时用深刻隽永的言语向人们提供立身处世的方法，深为世人所喜爱。

◆ 临风弄笛，栏杆上桂月一轮；扫雪烹茶，篱落边梅花点。

【译文】临风吹笛，栏杆上挂着一轮明月；扫雪烹茶，篱落边露出几朵梅花。

◆ 观世态之极幻，则浮动转有常情；咀世味之皆空，则流水翻多浓旨。

【译文】看世态人情极其变幻无常，反而觉得变化无常的白云便是寻常的情态。咀嚼世间种种总是成空，那么平淡的流水反而是深厚的美味。

◆ 气收自觉怒平，神敛自觉言简，容人自觉味好，守静自觉天宁。

【译文】怒气收敛自然怒气就渐渐平息，心神收敛自然就会觉得言语简洁，能宽容对人自然可体会出和谐，能谨守安静就自然体会到天地安宁。

◆ 世味并非不浓艳，可以淡然处之。独天下之伟人与奇物，幸一见之，便觉魄动心惊。

【译文】世间的味道不是不浓烈丰艳，但我们还可以淡然对待。唯有世上的伟人与奇物，有幸偶一见之，不自觉便会觉得惊心动魄。

◆ 宇宙内事，要力担当，又要善摆脱。不担当，则无经世之事业；不摆脱，则无出世之襟期。

【译文】世界上的事，要努力担当，又要善于摆脱。如果不担当，就不能成就经天纬地的事业；不摆脱，就没有超越世俗的胸襟。

◆ 大事、难事，看担当；逆境、顺境，看襟度；临喜、临怒，看涵养；群行、群止，看识见。

【译文】遇到大事和难事，才能看出一个人的担当意识；经历过逆境和顺境，才能看出一个人的襟怀度量；喜事、怒事临头，才能看出一个人的涵养；从与众人相处中表现出的言行举止，才能看出一个人的见地。

◆ 休怨我不如人，不如我者常众；休夸我能胜人，胜如我者更多。

【译文】不要抱怨我不如别人，不如我的人挺多；不要夸耀我能胜过别人，比我强的人更多。

◆ 以患难心居安乐，以贫贱心居富贵，则无往不泰矣；以渊谷视康庄，以疾病视强健，则无往不安矣。

【译文】以患难的心态处于安乐之境，以贫贱的心态处于富贵之中，就没有什么不泰然的；把深谷看作康庄大道，把疾病看作强健，就没有什么不安适的。

◆ 贫不足羞，可羞是贫而无志；贱不足恶，可恶是贱而无能；老不足叹，可叹是老而虚生；死不足悲，可悲是死而无补。

【译文】贫穷不足以让人觉得羞惭，真正可羞的是贫穷而缺少志气；卑贱不足以让人觉得可恶，真正可恶的是卑贱而没有能力；年纪大不足以令人叹息，真正令人叹息的是老了却一事无成虚度此生；死亡不足以让人悲伤，真正令人悲伤的是死了也于事、于世无所补益。

65《菜根谭》

《菜根谭》是以处世思想为主的格言式小品文集，成书于明万历年间。其采用语录体，是糅合了儒家的中庸思想、道家的无为思想和释家的出世思想的人生处世哲学书。作者洪应明（？—1596？），字自诚，号还初道人，里居、生卒年及生平均不详，明代思想家、学者。

书分前后两集，前集225条，后集135条，共360条。全书内容大体包括“如何做好自己”“如何涉世待人”“如何过好生活”“如何面对命运”等几个方面，既拥有修身、齐家、治国、平天下等大道，亦拥有栽花、种草、赏月、弹琴等闲情。

《菜根谭》文辞优美，对仗工整，含义深邃，耐人寻味，是一部有益于人们陶冶情操、磨炼意志、奋发向上的通俗读物。“咬得菜根者则百事可为”，《菜根谭》以众多富含哲理的名言警句教予世人出世入世之法则，以及为人处世之道，引人入胜，发人深思且耐人寻味。此书与《围炉夜话》《小窗幽记》并成为“处世三大奇书”。

◆ 苦心中学得悦心之趣，得意时便生失意之悲。

【译文】身处逆境、心情苦涩时，要能给自己找一些愉悦心情的乐趣；身处顺境、志得意满时，要能经常想一想不得志时的悲伤。

◆ 君子之事天青白日，不可使人不知；君子之才玉韫珠藏，不可使人易知。

【译文】君子的心事如同湛湛青天、朗朗白日，不能不让人知道；君子的才华要如美玉一样严密收藏，不能让人轻易知晓。

◆ 欲做精金美玉的人品，定从烈火中锻来；思立掀天揭地的事功，须向薄冰上履过。

【译文】想要成就纯金美玉的人格品行，必定要经过烈火锻炼的磨砺；要想建立轰轰烈烈的大事业，必须要如履薄冰般小心。

◆ 处事不必邀功，无过便是功；与人不要感恩，无怨便是恩。

【译文】人生在世，不必千方百计谋取功劳，没有过错就是功劳；与人交往，不必奢求别人感念恩德，没有怨恨就是恩德。

◆ 节义傲青云，文章高白雪。若不以德性陶镕之，终为血气之私技能之末。

【译文】节义比青云还要高，文章比白雪还要雅。如果不以德性来陶冶修炼，最终节气与文章都 不免成为逞勇斗气的私心，成为末流的技能。

◆ 谈纷华而厌者，或见纷华而喜；语淡泊而欣者，或处淡泊而厌。须扫除浓淡之见，灭却欣厌之情，才可以忘纷华而甘淡泊也。

【译文】谈起繁华富丽就十分厌烦的人，可能在真的见到繁华富丽时却欢欣喜悦；说到寒素清贫就钦慕企盼的人，可能真的过上寒素清贫的生活就嫌弃憎恶。必须把心中对于浓艳淡泊的成见荡涤净尽，把欣喜厌恶的情感彻底消灭，才可以真正忘却繁华富丽，甘于寒素清贫。

◆ 气象要高旷，而不可疏狂；心思要缜细，而不可琐屑；趣味要冲淡，而不可偏枯；操守要严明，而不可激烈。

【译文】气宇格局要高远旷达，却不可疏狂无拘；心思念头要缜密细致，却不可烦琐细碎；情致趣味要冲和淡泊，却不可单调枯燥；操行志节要严格明确，却不可偏激刚烈。

◆ 文章做到极处，无有他奇，只是恰好；人品做到极处，无有他异，只是本然。

【译文】文章做到最高水平，没有别的奇特之处，只是表达得恰到好处；人品做到最高境界，没有别的异样特点，只是表现出本来面目。

◆ 建功立业者，多虚圆之士；偾事失机者，必执拗之人。

【译文】能够建功立业者，大多是谦虚圆通之士；败乱事业、错失时机者，必定是固执任性之人。

66《围炉夜话》

《围炉夜话》，儒家通俗读物，是明清时期著名的汉族文学品评著作，对于当时以及以前的文坛掌故以及人、事、文章等分段作评价议论。作者王永彬（生卒年不详），字宜山，人称宜山先生，王氏后人称其“宜山公”，一生经历了乾隆、嘉庆、道光、咸丰、同治五个王朝。

作者虚拟了一个冬日拥着火炉，至交好友畅谈文艺人生的情境，使本书语言亲切、自然、易读，并由于其独到的见解在汉族文学史上占有重要地位。《围炉夜话》分为221则，以“安身立业”为总话题，分别从道德、修身、读书、安贫乐道、教子、忠孝、勤俭等十个方面，揭示了“立德、立功、立言”皆以“立业”为本的深刻含义。它与明代洪应明撰的《菜根谭》、陈继儒撰的《小窗幽记》并称“处世三大奇书”。

《围炉夜话》正如其名，疲倦地送走喧嚣的白昼，儒者炉边围坐，会顿感世界原来是这样的宁静。在如此宁静而温暖的氛围下，白昼里浊浊蹇蹇，红尘的种种烦闷，会不自觉地升华为对生活、对生命的洞然感悟。作者以平淡而优美的话语，娓娓叙出了琐碎生活中做人的道理，就如炎夏饮一杯清凉的酸梅汤，令人神清气爽，茅塞顿开。

◆ 有真性情，须有真涵养；有大识见，乃有大文章。

【译文】要有至真无妄的性情，一定先要有真正的修养；要有不朽的见识，才能写出不朽的文章。

◆ 何者为益友？凡事肯规我之过者是也；何者为小人？凡事必徇己之私者是也。

【译文】哪一种才算是益友呢？凡遇到我做事有不对的地方肯规劝我的便是益友。哪一种算是小人呢？凡遇到自己做错事，只会一味地因私利而偏袒自己过失的便是小人。

◆ 才觉已有不是，便决意改图，此立志为君子也；明知人议其非，偏肆行无忌，此甘心为小人也。

【译文】刚觉自己有什么地方做得不对，便毫不犹豫地改正，这就是立志成为一个正人君子的做法。明明知道有人在议论自己的缺点，仍不反省改过，反而肆无忌惮地为所欲为，这便是自甘堕落做小人的行为。

◆ 无财非贫，无学乃为贫；无位非贱，无耻乃为贱；无年非夭，无述乃为夭；无子非孤，无德乃为孤。

【译文】没有钱财不算贫穷，没有学问才是真正贫穷，没有地位不算卑下；没有羞耻心才是真正的卑下；活不长久不算短命，没有值得称述的事才算短命；没有儿子不算孤独，没有道德才是真正的孤独。

◆ 何谓享福之人，能读书者便是；何谓创家之人，能教子者便是。

【译文】什么样的人是享福的人，能读书的人就是。什么样的人是创立家业的人，会教导子孙的人就是。

◆ 人之足传，在有德不在有位；世所相信，在能行不在能言。

【译文】人的名声被传颂赞扬，在于有美好的德行，而不是在是否有地位；人能够被世人所信任，在于能踏实做事，而不在于侃侃空谈。

◆ 天地无穷期，生命则有穷期，去一日便少一日；宝贵有定数，学问则无定数，求一分便得一分。

【译文】天地的生命没有尽头，人的生命却有期限，过去一天便少一天；富贵的运命被上天所定，学问的多寡却不是上天所定，学到一分就多得一分。

◆ 志不可不高，志不高则同流合污，无足有为矣；心不可不大，心太大则舍近图远，难期有成矣。

【译文】志趣不能不高尚，志趣不高就会随波逐流，不足以有所作为；目标不能太大，目标太大的人就容易舍近求远，很难期待有所成就。

◆ 大丈夫处事，论是非，不论祸福；士君子立言，贵平正，尤贵精详。

【译文】大丈夫处理事情的时候，讲求的是非曲直，而不怎么考虑是祸还是福；士君子著书立说，重视端正公平，尤其崇尚精细周详。

67《了凡四训》

《了凡四训》是一本种德立命、修身治世类教育书籍。作者袁了凡（生卒年不详），本名袁黄，字坤仪，后改名了凡，江苏省吴江县人，明朝重要的思想家，是迄今所知的中国第一位具名的善书作者。此书是作者69岁时创作的，是袁了凡先生所作的家训，以此教诫他的儿子袁天启认识命运的真相，明辨善恶的标准，改过迁善。原取名《训子文》，其后为启迪世人，遂改今名。在本书中，袁了凡以其毕生的学问与修养，融通儒、道、佛三家思想，以自己的亲身经历，并结合大量真实生动的事例，告诫世人不要被"命"字束缚手脚，要自强不息，改造命运。全书分四个部分，由"立命之学""改过之法""积善之方""谦德之效"四篇文章组成，因此叫《了凡四训》。《了凡四训》蕴涵着中国文化的深邃和智慧，被誉为"东方第一励志奇书"。

◆ 何谓从心而改？过有千端，惟心所造；吾心不动，过安从生？

【译文】什么叫作从心里改正自己的过失呢？人的过失有千万种，起心动念过失就已经形成了。如果我的心思不为所动，过失又从哪里来呢？

◆ 人不改过，多是因循退缩；吾须奋然振作，不用迟疑，不烦等待。小者如芒刺在肉，速与抉剔；大者如毒蛇啮指，速与斩除，无丝毫凝滞。

【译文】一个人之所以有了过失还不肯改，都是因为得过且过、堕落退后的缘故。若是要改过，一定要奋然振作，当下就改，绝对不能够拖延和疑惑。

小的过失，像尖刺戳在肉里，要赶紧挑掉拔掉。大的过失，像毒蛇咬到手指头一样的厉害，要赶紧切掉手指头，不可有丝毫的犹疑延迟的念头。

◆ 汝之命，未知若何？即命当荣显，常作落寞想；即时当顺利，常作拂逆想；即眼前足食，常作贫窭想①；即人相爱敬，常作恐惧想；即家世望重，常作卑下想；即学问颇优，常作浅陋想。

【注释】①窭（jù）：穷困。

【译文】你的命，不知究竟怎样？就算命中应该荣华发达，还是要常常当作不得意想。就算碰到顺当吉利的时候，还是要常常当作不称心、不如意来想。就算眼前有吃有穿，还是要当作没钱用、无房住想。就算旁人喜欢你、敬重你，还是要常常小心谨慎作恐惧想。就算你家世显赫，还是要常常当作卑微想。就算你学问高深，还是要常常当作粗浅想。

68《劝忍百箴》

《劝忍百箴》是儒家思想的精髓之一。作者许名奎（生卒年不详），元代人。元武宗至大三年（1310）著成《劝忍百箴》四卷，包括言之忍、气之忍、色之忍、酒之忍、声之忍、食之忍、乐之忍、权之忍、势之忍、贫之忍等共计100条箴言，成为忍学集大成者。作者总结人生经验，将古籍中有关"忍"的史例和格言整理、归纳，集成了此部《劝忍百箴》，阐明了"忍"不但是一种气度，更是一种智慧，只有体会了"忍"之真精神，才能对无常的世事保有一份平和、通透的理解，获得达说而坦荡的人生。《劝忍百箴》是圣贤处世哲学的智慧锦囊，帮助世人提升思想、道德修养，具有修身养性和道德教化的功能。

◆ 事君尽忠，人臣大节；苟利社稷，死生不夺。

【译文】事君尽忠，乃人臣的操守。为国家利益，而将生死置之度外。

◆ 富而好礼，孔子所诲；为富不仁，孟子所戒。盖仁足以长福而消祸，礼足以守成而防败。

【译文】为富不骄、富而好礼应是富人的操守，这是孔子的教诲；为富不仁的人应该扩天理、遏人欲，这是孟子的告诫。所以行仁足以增长福禄而消减祸患，遵礼足以守住成业而防范失败。

◆ 特立独行，士之大节，虽无文王，犹兴豪杰。不挠不屈，不仰不俯，壁立万仞，中流砥柱。

【译文】追求人格上的独立自主、与众不同，这是士人的节操，即使没有周文王那样的人，仍然会产生其他英雄豪杰。士人的特立独行，在于他们不屈不挠地追求理想的精神，在于他们不卑不亢的处世原则，他们犹如万丈绝壁那样雄伟，犹如激流中的石柱一样屹立不动。

◆ 迅风驾舟，千里不息；纵帆不收，载胥及溺。夫人之得势也，天可梯而上；及其失势也，一落地千丈。

【译文】在猛风中驾船，可以行走千里不停。但是放着帆这样不收，乘船的人将会掉进水里淹死。一个人势运正旺时，就好像拿来云梯即可上青天；到他失势时，就好像从云梯摔下而一落千丈。

◆ 君子长者，宽大乐易，恩仇两忘，人已一致。

【译文】君子和长者，胸怀博大，不计个人恩仇，人们亲近这样的人。

◆ 义者，宜也。以之制事，义所当为，虽死不避；义所当诛，虽亲不庇；义所当举，虽仇不弃。

【译文】义，也就是处理事情恰当准确。凡是符合义的要求应当做的事情，就算是要牺牲性命也在所不惜；凡是符合义的要求该处罚的，就算是亲朋好友也不能包庇；凡是符合义的要求该推荐提拔的，就算是仇家也不能摒弃不用。

◆ 古之君子，于有过中求无过，所以天下无怨恶；今之君子，于无过中求有过，使民手足无所措。

【译文】古代君子，对待别人的态度是在过错中寻找不错的地方，所以天下没有怨恨；现代的君子，对待别人的态度是在没有错误的人身上找缺点，所以天下人手足无措。

◆ 故临大节而不可夺者，必无偏躁之气；见小利而易售者，生之斗筲之器①。礼义以养其量，学问以充其智。不戚戚于贫贱，不汲汲于富贵。庶可以立天下之大功，成天下之大事。噫，可不忍欤！

【注释】①斗筲（dǒu shāo）：指斗与筲，比喻些微，微小。

【译文】所以在生死存亡关头不失其气节的人，一定没有浮躁的毛病；如果见了小利就动摇气节的人，就是器量狭小之人。用礼义来培养自己宽宏的器量，用学问来提高自己的聪明智慧。不去拼命追逐功名利禄，也不在乎艰难困苦。这样才可以立天下之大功，成天下之大事。唉，要忍住浮躁之心，做一个坚守气节的人啊！

69《幽梦影》

《幽梦影》，是随笔体格言小品文集，成书于清康熙年间。作者张潮（1650—1709？），字山来，号心斋，又号三在道人，安徽歙县人，生于清顺治七年（1650），清代文学家、小说家、刻书家。

全书共有219则，主要着眼于以优雅的心胸、眼光去发现美的事物，可以说是求美的著作，书中不仅有琴棋书画、山水园林、读书交游、谈禅论道、对美人、饮美酒等文人爱好，更有作者对人生、处世的所思所得，也有对日常生活的体会和观察。书中没有强烈的、尖锐的批评，只有不失风度的冷嘲热讽，而这些不平、讽刺的表现形式也都是温和的。

在艺术上，《幽梦影》富于联想、想象，善用比喻，长于使用排比、对偶，讲求语言的整饬，讲究节奏美、匀称美、声韵美的统一。《幽梦影》被视为继承前人余韵，引领清代李渔、袁枚等人的创作，可以说是随笔散文创作承前启后的桥梁。

◆ 胸中小不平，可以酒消之；世间大不平，非剑不能消也。

【译文】胸中小有不平之事，可以用酒来消解；世界上有极为不平的事，不用剑就不能解决。

◆ 傲骨不可无，傲心不可有。无傲骨则近于鄙夫，有傲心不得为君子。

【译文】高傲的风骨不能没有，傲慢的心思不能有。没有高傲的风骨就近似粗鄙浅陋的人，有了傲慢的心思就不能成为君子。

◆“情”之一字，所以维持世界；“才”之一字，所以粉饰世界。

【译文】“情”这一个字，是用来维持世界运转的；“才”这一个字，是用来将世间装饰得更美好的。

◆文章是有字句之锦绣，锦绣是无字句之文章，两者同出一源。

【译文】文章是有字句的锦绣制品，锦绣是没有字句的文章，文章与锦绣同出于一个源头。

◆藏书不难，能看为难；看书不难，能读为难；读书不难，能用为难；能用不难，能记为难。

【译文】收藏书籍并不困难，困难的是能全部看完；能看完书并不困难，困难的是理解书中的内容；理解书中的内容也并不难，困难的是会用书中的知识；会用书中的知识也不难，困难的是时刻牢记在心头。

◆著得一部新书，便是千秋大业；注得一部古书，允为万世宏功。

【译文】写出一部具有独特见解的新书，便是做了件千古流芳的大事业；注解一部古人的书，也的确有着福泽万世的大功劳。

◆花不可以无蝶，山不可以无泉，石不可以无苔，水不可以无藻，乔木不可以无藤萝，人不可以无癖。

【译文】花朵不能没有蝴蝶相伴，山不能没有泉水穿流，石头上不能没有青苔点缀，水中不能没有浮萍装饰，高大的树木不能没有藤萝攀缘，人不能没有自己的癖好。

◆有地上之山水，有画上之山水，有梦中之山水，有胸中之山水。地上者妙在丘壑深邃，画上者妙在笔墨淋漓，梦中者妙在景象变幻，胸中者妙在位置自如。

【译文】世间有大地上的山水，有画中的山水，有出现在梦中的山水，有在胸怀中的山水。地上的山水妙在涧谷幽深险远，画中的山水妙在笔墨挥洒酣畅，梦中的山水妙在景象变幻不定，胸中的山水妙在布置得当。

◆ 凡事不宜刻，若读书则不可不刻；凡事不宜贪，若买书则不可不贪；凡事不宜痴，若行善则不可不痴。

【译文】对所有的事情都不应该苛刻，如果是读书则不能不深入刻苦；对所有的事情都不应该贪婪，如果是买书就不能不贪心；对所有的事情都不应该沉迷，如果是做善事就不能不痴迷。

70《颜氏家训》

《颜氏家训》，是汉民族历史上第一部内容丰富、体系宏大的家训，也是一部学术著作。该书成书于隋文帝灭陈国以后，隋炀帝即位之前(约6世纪末)。作者颜之推（531—591？），字介，是南北朝时期著名的文学家、教育家。

本书是颜之推记述个人经历、思想、学识以告诫子孙的著作，共7卷，20篇。书中内容基本适应了封建社会中儒士们教育子孙立身、处世的需要，提出了一些切实可行的教育方法和主张，以及培养人才力主“治国有方、营家有道”之实用型新观念等，继承和发展了儒家以“明人伦”为宗旨的“诚意、正心、修身、齐家、治国、平天下”的传统教育思想。

《颜氏家训》文化内蕴丰富，是中国古代家庭教育理论宝库中的一份珍贵遗产，在家庭伦理、道德修养方面对今天有着重要的借鉴作用。历代统治者对《颜氏家训》非常推崇，甚至认为“古今家训，以此为祖”，被后世广为征引，反复刊刻，虽历经千余年而不佚，可见《颜氏家训》影响之大。

◆ 文章当以理致为心肾，气调为筋骨，事义为皮肤，华而为冠冕。

【译文】文章要以义理意致为心肾，气韵格调为筋骨，用典合宜为皮肤，华丽辞藻为冠冕。

◆ 夫命之穷达，犹金玉木石也；修以学艺，犹磨莹雕刻也。金玉之磨莹，自美其矿璞，木石之段块，自丑其雕刻；安可言木石之雕刻，乃胜金玉之矿璞哉？不得以有学之贫贱，比于无学之富贵也。

【译文】人的命运坎坷或者通达，就好像金玉木石；钻研学问，掌握本领，就好像琢磨与雕刻手艺。琢磨过的金玉之所以光亮好看，是因为金玉本身是美物；一截木头、一块石头之所以难看，是因为尚未经过雕刻。但我们怎么能说雕刻过的木石胜过 尚未琢磨过的宝玉呢？同样，我们不能将有学问的贫贱之士与没有学问的富贵之人相比。

◆ 古之学者为己，以补不足也；今之学者为人，但能说之也。古之学者为人，行道以利世也；今之学者为己，修身以求进也。夫学者犹种树也，春玩其华，秋登其实；讲论文章，春华也，修身利行，秋实也。

【译文】古代求学的人是为了充实自己，以弥补自身的不足；现在求学的人是为了取悦他人，向他人炫耀。古代求学的人是为了他人，推行自己的主张以造福社会；现在求学的人是为了自身需要，涵养德性以求做官。学习就像种果树一样，春天可以赏玩它的花朵，秋天可以摘取它的果实。讲论文章，就好比赏玩春花；修身利行，就好比摘取秋果。

◆ 士君子之处世，贵能有益于物耳，不徒高谈虚论，左琴右书，以费人君禄位也！

【译文】士大夫处世立身，贵在能够做一些有益于人的事情，不能光是高谈阔论，无事研习琴书，虚耗君主给他的俸禄官位。

◆ 是以与善人居，如入芝兰之室，久而自芳也；与恶人居，如入鲍鱼之肆，久而自臭也。墨子悲于染丝，是之谓矣，君子必慎交游焉。

【译文】与善人相处，就像进入满是芝草兰花的屋子中一样，时间一长自己也变得芬芳起来；与恶人相处，就像进入满是鲍鱼的店铺一样，时间一长自己也变得腥臭起来。墨子因看见人们染丝而感叹，说的也就是这个意思。君子与人交往一定要慎重。

◆ 古人之文，宏才逸气，体度风格，去今实远；但缉缀疏朴，未为密致耳。今世音律谐靡，章句偶对，讳避精详，贤于往昔多矣。宜以古之制裁为本，今之辞调为末，并须两存，不可偏弃也。

【译文】古人的文章，气势宏大，潇洒飘逸，其体度风格和现今的文章差别很大；只是古人在遣词造句、过渡勾连等方面还很粗疏质朴，不够周密细致。如今的文章，音律和谐华丽，词句工整对称，避讳精细详密，在这方面则比古人高超得多了。应该用古文的体制格调为根本，以今人的文辞音调作补充，这两方面同时存在，不可以偏废任何一方。

71《说苑》

《说苑》，又名《新苑》，共20卷。本书是作者按类编选先秦至西汉的遗闻轶事，每一类前有总说后加按语，是作者议论。以记述诸子言行为主，内容多格言警句，哲理深刻，主要体现儒家思想、政治思想以及伦理观念。本书文学性强，叙事简洁，意含讽喻，有情节和对话，清新隽永，除《谈丛》一卷外，其余篇目大多独立成篇，对魏晋乃至明清笔记小说有一定影响。

刘向（前77？—前6），原名更生，字子政。汉高祖之弟楚元王四世孙，西汉文学家、经学家。其主张“天人感应”说，与其子刘歆为古籍书目整理作出了很大贡献。著有《洪范五行传论》《七略别录》《新序》《说苑》《列女传》等。

◆ 昔尧舜之为君也，唯恐言而人不违；桀纣之为君也，唯恐言而人违之。

【译文】过去尧舜当国王的时候，唯恐自己的话别人不反对；桀纣当国王的时候，唯恐自己的话别人违抗。

◆ 无常安之国，无恒治之民。得贤者则安昌，失之者则危亡。自古及今，未有不然者也。

【译文】没有始终安定的国家，也没有永远顺服的百姓。得到贤人则安定昌盛，失去贤人则导致灭亡。从古至今，没有不是这样的。

◆ 政有三品：王者之政化之，霸者之政威之，强国之政胁之。

夫此三者各有所施，而化之为贵矣。

【译文】政治有三种等级：王者的政治在于用德来感化人，霸者的政治在于用威去降服人，强国的政治在于用武力去胁迫人。这三种政治各有各的施行办法，但是用德来感化人是最好的办法。

◆ 明主者有三惧：一曰处尊位而恐不闻其过，二曰得意而恐骄，三曰闻天下之至言而恐不能行。

【译文】贤明的君主有三件担忧的事情：第一是怕因自己尊贵的地位而得不到别人对自己过错的指正提醒，二是怕在得意顺利的时候骄傲，三是知道天下的至理名言而不能去实行。

◆ 位已高而意益下，官益大而心益小，禄已厚而慎不敢取。君守此三者，可以治楚矣。

【译文】地位已高而态度却更加谦卑，官职愈大而内心却愈谨慎，俸禄愈厚而愈加慎重索取。君王能够敬慎地守持住这三条，就足以把楚国治理好。

◆ 夫官不与势期，而势自至；势不与富期，而富自至；富不与贵期，而贵自至；贵不与骄期，而骄自至；骄不与罪期，而罪自至；罪不与死期，而死自至。

【译文】官位并不与权势相约，而权势自然就随之而来；权势并不与财富相约，而财富就自然随之而来；财富不与尊贵相约，而尊贵就自然随之而来；尊贵并不与骄奢相约，而骄奢就自然随之而来；骄奢并不与罪过相约，而罪过就自然随之而来；罪过并不与死亡相约，而死亡自然就随之而来。

◆ 遭良吏则皆怀忠信而履仁厚，遇恶吏则皆怀奸邪而行浅薄。忠厚积则致太平；奸薄积则致危亡。是以圣帝明王，皆敦德化而薄威刑①。

【注释】①敦：崇尚、注重。

【译文】遇到好的官吏就心怀忠信而言行仁厚；遇到坏的官吏就心怀奸邪而言行浅薄。人们都忠厚了，就可以使国家太平；人们都浅薄了，就会导致国家危亡。因此，圣明的君主都致力于德化而鄙薄酷刑。

72《黄帝内经》

《黄帝内经》是一部综合论述中医理论的经典著作，分《灵枢》《素问》两部分，为古代医家托轩辕黄帝名之作，由医家、医学理论家联合创作。成书亦非一时，作者也亦非一人，一般认为是起源于轩辕黄帝，代代口耳相传，经道家、医家、医学理论家联合增补发展创作而成的黄老著作。在以黄帝、岐伯雷公对话问答的形式阐述病机病理的同时，主张不治已病而治未病，同时主张养生、摄生、益寿、延年。在理论上建立了中医学上的“阴阳五行学说”“脉象学说”“藏象学说”等。

《黄帝内经》是研究人的生理学、病理学、诊断学、治疗原则和药物学的医学巨著，是我国医学宝库中现存成书最早的一部医学典籍，是中国传统医学四大经典著作之一（其他三部是《难经》《伤寒杂病论》《神农本草经》），也是我国影响最大的一部医学著作，所以被称为医之始祖。其内容广博，被誉为综合性百科全书。

◆ 昔在黄帝①，生而神灵②，弱而能言，幼而徇齐③，长而敦敏④，成而登天。

【注释】①黄帝：传说中的古代帝王。②神灵：聪明而智慧。③徇齐：此指思维敏捷，理解事物迅速。④敦敏：敦厚，勤勉。

【译文】古代的轩辕黄帝，生来就异常聪明，小时候就善于言辞，很小的时候就对事物有着敏锐的洞察力，长大后敦厚朴实而又勤勉努力，到了成年就登上了天子位。

◆ 是以志闲而少欲，心安而不惧，形劳而不倦。气从以顺，各从其欲，皆得所愿。故美其食，任其服，乐其俗，高下不相慕，其民故曰朴。

【译文】所以他们心志闲淑，私欲很少，心情安宁，没有恐惧，形体虽然劳动，但不过分疲倦。真气从容和顺，每个人的希望和要求都能满足。无论吃什么都觉得甜美，穿什么都觉得漂亮，喜欢社会习俗，互相之间也不羡慕地位的高低，人们日渐变得自然朴实。

◆ 是故圣人不治已病治未病，不治已乱治未乱，此之谓也。夫病已成而后药之，乱已成而后治之，譬犹渴而穿井，斗而铸兵，不亦晚乎?

【译文】所以圣人不治已发生的病而倡导未病先防；不治理已形成的动乱，而注重在未乱之前的疏导。假如疾病形成以后再去治疗，动乱形成以后再去治理，这就好像口渴才去挖井，发生战斗才去铸造兵器，那不是太晚了吗?

73《山海经》

《山海经》是先秦古籍，是一部富于神话色彩的最古老的地理书。撰者不详，现代中国学者一般认为《山海经》成书非一时，作者亦非一人，时间大约是从战国初年到汉代初。

《山海经》今传本18卷，包括《山经》5卷、《海经》8卷、《大荒经》4卷、《海内经》1卷，记载了大小名山5370座、河流大泽300余条、动物127种、异国95个，所载地理、博物、科技、巫术、神话极为丰富。我国古代神话的基本来源就是《山海经》，其中包括：夸父追日、女娲补天、羿射九日、黄帝大战蚩尤、共工怒触不周山等。在古代，《山海经》是图文并茂的，图画在书中还占着相当重要的地位，所以有“山海图”这样的说法。可惜的是，这些图大部分都已亡佚了，但因其内容丰富、记载详细，因此仍具有重要的文学价值和史料价值，对研究中国原始社会和上古的姓氏、部族，以及考察上古人对宇宙、自然和社会历史的认识，都有重要意义。

◆ 有鸾鸟自歌，凤鸟自舞。凤鸟首文曰德，翼文曰顺，膺文曰仁，背文曰义，见则天下和。

【译文】有鸾鸟在自由地歌唱，有凤鸟在自由地舞蹈。凤鸟头上的花纹是“德”字，翅膀上的花纹是“顺”字，胸脯上的花纹是“仁”字，脊背上的花纹是“义”字，它一出现天下就会太平。

◆ 刑天与帝争神，帝断其首，葬之常羊之山。乃以乳为目，以脐为口，操干戚以舞。

【译文】刑天与天帝争夺神位，天帝砍断了刑天的头，把他的头埋在常羊山。刑天就以乳头为眼睛，以肚脐为嘴巴，一手持盾牌一手舞动大斧继续作战。

◆ 东南海之外，甘水之间，有羲和之国。有女子名曰羲和，方浴日于甘渊。羲和者，帝俊之妻，是生十日。

【译文】在东海之外，甘水之间，有个羲和国。有个女子叫羲和，正在甘渊中给太阳洗澡。羲和是帝俊的妻子，她生了十个太阳。

◆ 地之所载，六合之间，四海之内，照之以日月，经之以星辰，纪之以四时，要之以太岁，神灵所生，其物异形，或夭或寿，唯圣人能通其道。

【译文】凡是大地负载的，天地四方之间，四海以内，有日月光辉照耀着，有无数星辰运行着，用春夏秋冬四个季节来记载，用木星的运行轨迹来记年。大凡神灵所生的万物，这些生物有不同的形体，有的早亡，有的长寿，只有那些品德高尚、智慧高超的人，才能通晓其中的道理。

74《搜神记》

《搜神记》是一部记录中国古代汉族民间传说中神奇怪异的故事集，作者东晋史学家干宝。全书共20卷，搜集了古代的神异故事共400多篇，开创了中国古代神话的先河。其故事在一定程度上反映了古代人民的思想感情，集我国古代神话传说之大成。

干宝（？—336），东晋新蔡人，初为著作郎，封关内侯。他是一个有神论者，就是想通过搜集前人著述及传说故事，证明鬼神确实存在。故《搜神记》所叙多为神灵怪异之事，也有不少民间传说和神话故事，主角有鬼，也有妖怪和神仙。故事大多篇幅短小，情节简单，设想奇幻，极富于浪漫主义色彩。

在记载神鬼传说的典籍中，除《山海经》《淮南子》外，《搜神记》称得上其中的集大成者。从这个意义上来说，本书为我们保留了不少珍贵的材料，是后人研究中国古代民间传说及神话故事不可多得的收藏珍本。它对中国后世的传奇小说发展影响很大，后世很多传奇小说如"唐人传奇"、《聊斋志异》等的写作方法和《搜神记》都很相似。

◆ 神农以赭鞭鞭百草①，尽知其平毒寒温之性，臭味所主②。以播百谷，故天下号"神农"也。

【注释】①神农：又被称为炎帝，神农氏。赭（zhě）鞭：赤色鞭子。③臭（xiù）味：气味。臭，同"嗅"。

【译文】神农氏用赤色的鞭子鞭打各种草木，全面了解各种草木 平、毒、寒、温的药性，以及药味所主治的疾病。因为他播种各种庄稼，所以天下人称他为"神农"。

◆ 汤既克夏①，大旱七年，洛川竭。汤乃以身祷于桑林，剪其爪、发，自以为牺牲②，祈福于上帝。于是大雨即至，洽于四海。

【注释】①汤：商族的首领。②牺牲：供祭祀用的牲畜，这里指祭品。

【译文】商汤战胜夏之后，天下大旱七年，洛川都干涸了。商汤于是到桑林以自己的身体为祭品去祷告，他剪掉自己的指甲、头发，把自己作为献祭的祭品，向上帝祈取福佑。于是大雨立刻降了下来，滋润了天下。

◆ 武王伐纣，至河上。雨甚，疾雷，晦冥，扬波于河。众甚惧。武王曰："余在，天下谁敢干余者！"风波立济。

【译文】周武王讨伐商纣王时，到了黄河边上。雨下得很大，雷声隆隆，天色昏暗，黄河水泛起波浪。大家都十分害怕。周武王说："我在这里，天下有谁敢冒犯我！"风浪立刻停止了。

◆ 曾子从仲尼在楚，而心动，辞归问母。母曰："思尔，啮指。"孔子曰："曾参之孝，精感万里。"

【译文】曾子跟着孔子在楚国，心有所动，于是告辞孔子回家问候母亲。母亲说："我想你就咬了自己的指头。"孔子说："曾参的孝心能够感应到万里之外。"

75《太平广记》

《太平广记》是我国第一部规模巨大、内容丰赡的古代文言小说总集。由宋太宗赵匡义下令李昉（925—996）等人编纂，成书于宋太平兴国年间。

全书共500卷，目录10卷，按题材分为92类，又分150余细目，其中神怪故事所占比重最大。全书主要取材于汉代至宋初的野史小说及释藏、道经等和以小说家为主的杂著，属于类书。许多已失传的书，仅在本书内存有佚文，有些六朝志怪、唐代传奇作品，全赖此书而得以流传。书中最值得重视的是杂传记9卷。《李娃传》《柳氏传》《无双传》《霍小玉传》《莺莺传》等传奇名篇，多数仅见于本书。还有收入器玩类的《古镜记》，收入鬼类的《李章武传》，收入神魂类的《离魂记》，收入龙类的《柳毅传》，收入狐类的《任氏传》，收入昆虫类的《南柯太守传》等，也都是现存最早的本子。

《太平广记》对于后世文学的影响很大。宋代以后，话本、杂剧、诸宫调等多从《太平广记》一书中选取题材，转引故事，加以敷演。

◆ 吴吕蒙随姊夫邓当击贼，时年十六，呵叱而前，当不能禁。归言于母曰：“贫贱难可居，设有功，富贵可致。”又曰：“不探虎穴，安得虎子。”果成大名。

【译文】吴国的吕蒙，跟随姐夫邓当攻打贼兵，当时才十六岁，他呐喊冲杀在前，邓当都拦不住。他回来后对母亲说：“贫穷卑贱的日子难过，假如我立了功，就能过上富贵的日子。”他又说：“不到虎穴之中，怎能得到虎子。”后来，果然出了大名。

◆ 汉末，南阳宗世林与魏武同时，而薄①其为人，不与交。及武帝拜司空，总朝政。从容问宗曰：“可以交未。”答曰：“松柏之志犹存。”即忤[2]旨见疏，位不配德。而文帝兄弟每造其门，必拜床下。其礼重如此。

【注释】①薄（báo）：厚度小的；冷淡，不热情。②忤（wǔ）：逆，不顺从。

【译文】汉朝末年，南阳郡的宗世林跟曹操同时在朝做官。宗世林看不上曹操的人品，不与他交往。等到曹操任司空，总揽朝政后，很平静地问宗世林：“现在我们可以结交了吧。”宗世林回答说：“我的志向像松柏一样，永远也不会改变的。”宗世林触犯了曹操，与曹操关系疏远，也没得到重用。但是，曹操的儿子曹丕和曹植他们每次去宗世林家，都在床前向宗世林行跪拜的大礼。这样重视礼仪啊！

◆ 王勃字子安，六岁能属文，清才浚发[1]，构思无滞。年十三，省其父至江西。会府帅宴于滕王阁。时帅府有婿善为文章，帅欲夸之宾友，乃宿构滕王阁序，俟宾合而出之[2]，为若即席而就者。既会，帅果授笺诸客[3]，诸客辞；次至勃，勃辄受。帅即拂其意，怒其不让，乃使人伺其下笔。初报曰：“南昌故郡，洪都新府。”帅曰：“此亦老生常谈耳。”次曰：“星分翼轸，地接衡庐。”帅沉吟移晷[4]。又曰：“落霞与孤鹜齐飞[5]，秋水共长天一色。”帅曰：“斯不朽矣。”

【注释】①浚（jùn）：疏通，挖深。②俟（sì）：等待。③笺（jiān）：小幅华贵的纸张。④晷（guǐ）：日影，此处指时间。⑤鹜（wù）：鸭子。

【译文】王勃，字子安，六岁能写文章，文思敏捷，构思巧妙。他十三岁的时候，去江西看望父亲，恰逢当时府帅在滕王阁举行宴会。府帅的女婿擅长写文章，府帅想要在宾客面前夸耀。他叫女婿预先构思了“滕王阁序”，准备等到宾客聚会时再当众写出来，说成是即席而作的。到了宴会上，府帅果然分发纸张给各位宾客，大家都推辞不要。轮到王勃，王勃却接受了下来。府帅见王勃违背了他的意思，心里对王勃毫不谦让的态度很生气，便叫人观看王勃写了些什么。一开始有人报告说王勃写的是：“南昌故郡，洪都新府。”府帅说：“这也不过是老生常谈的东西！”接着报告说：“星分翼轸，地接衡庐。”府帅沉默，深思了很久。又报告说：“落霞与孤鹜齐飞，秋水共长天一色。”府帅说：“这已经是不朽的名作了！”

76《容斋随笔》

《容斋随笔》是文言笔记小说，成书于宋朝。作者洪迈（1123—1202），字景卢，号容斋，又号野处，南宋著名文学家，《容斋随笔》倾其40年光阴完成。

《容斋笔记》共“五笔”，《容斋随笔》是全书的总名，分为“随笔”“续笔”“三笔”“四笔”“五笔”，共74卷，1220则，内容繁富，议论精当，是关于历史、文学、哲学、艺术等方面的笔记，以考证、议论、记事为中心内容。全篇有对宋代典章制度、官场见闻、社会风尚的记述；对宋以前王朝废兴、人物轶事、制度沿革的记述；还有去伪存真的考订，如情如理的分析。其中对一些历史经验的总结颇有见地，许多资料为官方史志所不载，是我国古代笔记小说中不可多得的珍品。历史学家一致认为《容斋随笔》与沈括的《梦溪笔谈》、王应麟的《困学纪闻》是宋代三大最有学术价值的笔记，其被《四库全书总目提要》推为南宋笔记小说之冠！

◆ 陈胜出于戍卒[①]，一旦奋发不顾，海内豪杰之士，乃始云合响应，并起而诛之。数月之间，一战失利，不幸陨命于御者之手[②]，身虽已死。其所置遣侯王将相竟亡秦。项氏之起江东，亦矫称陈王之令而度江。秦之社稷为墟，谁之力也？

【注释】①戍（shù）卒：戍守边疆的士兵。②陨（yǔn）：坠落。

【译文】陈胜只是一个普普通通的老百姓，微不足道的小戍卒，一旦奋不顾身地揭竿而起，天下的英雄豪杰才开始云集响应，共同伐秦。数月之间，因一战失利，陈胜不幸被车夫所杀。虽然死了，但是他所任命和派出的王侯将相却最终推翻了秦朝。项梁和项羽在江东起兵后，也是假借陈王的命令渡过长江的。秦朝的残暴统治被推翻，这究竟是谁的功劳呢？

◆ 孟子曰：“仁之胜不仁也，如水胜火，今之为仁者，犹以一杯水救一车薪之火也，不熄，则谓之水不胜火。”予读《文子》，其书有云：“水之势胜火，一勺不能救一车之薪；金之势胜木，一刃不能残一林；土之势胜水，一块不能塞一河。”文子周平王时人，孟氏之言盖本于此。

【译文】孟子说过：“仁义战胜不仁不义，就像水战胜火，现在的人讲仁义，好比拿一杯水去浇一车柴禾所燃的火，浇不灭就说水胜不得火。”我读《文子》时，其中有一段说：“虽然水能战胜火，但一勺水无论如何也无法扑灭一车柴燃烧的火；金可以战胜木，但一把刀无法砍掉一片树林；土可以战胜水，但一块土也无法堵塞一条河。”文子是周朝平王时期的人，孟子的话大概是从他那里来的。

◆ 天下未尝无魁奇智略之士，当乱离之际，虽一旅之聚，数城之地，必有策策知名者出其间，史传所书，尚可考也。郑烛之武、弦高从容立计，以存其国。

【译文】天下并不缺乏具有雄才大略的智识之士，每当社会动荡不安之时，即使只有数百人聚在一起，或者在只有数城之地的范围内，也必定会涌现出能够出奇谋、划异策的高人，这从史书的记载中可以轻易地查到。在先秦时期，郑国的烛之武和弦高沉着冷静地定计，最终保全了自己的国家。

◆ “民无常勇，亦无常怯，有气则实，实则勇[1]，无气则虚，虚则怯，怯勇虚实，其由甚微[2]，不可不知。勇则战，怯则北，战而胜者，战其勇者也，战而北[3]者，战其怯者也。怯勇无常，倏忽往来，而莫知其方[4]，惟圣人独见其所由然。”此《吕氏春秋·决胜》篇之语，予爱而书之。

【注释】①有气则实，实则勇：精气饱满则充实，充实则勇敢。②其由甚微：其缘由非常微妙。③北：退败，败北。④方：方法。

【译文】“人无永远持久的勇敢，亦没有永远持久的胆怯。神气饱满则充实，充实则勇敢；神气不饱满则空虚，空虚则胆怯。胆怯勇敢，空虚充实，其由来十分精妙，不可不知道。勇敢的人战则必胜，胆怯的人战则必败。战而获胜的人，是由于他作战时勇敢；战而败北的人，是由于作战时胆怯。胆怯与勇敢不是固定不变的，而是不时变化的，忽来忽去，人们往往不知其变化的方法，只有圣人才能发现这一变化的原因和方法。”这是《吕氏春秋·决胜》里所说的一段话，我喜爱这段话而将它抄下来了。

77《阅微草堂笔记》

《阅微草堂笔记》是清代著名学者纪昀（1724—1805）晚年所作的神怪小说集，创作于纪昀流放乌鲁木齐期间。

全书共24卷，计1100余则，主要记述狐鬼神怪故事，意在劝善惩恶，虽然不乏因果报应的说教，但是通过种种描写折射出封建社会末世的腐朽和黑暗。他有意模仿宋代笔记小说质朴简淡的文风，有“雍容淡雅，天趣盎然”“隽思妙语，时足解颐”（鲁迅《中国小说史略》）的特点。所以每脱稿一种，即被亲朋好友竞相传抄，辗转刻印，一时享有同《红楼梦》《聊斋志异》并行海内的盛誉。

书中记述若真若假，似乎旨在藉由这些志怪的描写折射出当时官场腐朽昏暗堕落之百态，进而反对宋儒的空谈性理疏于实践之理气哲学，并且讽刺道学家的虚伪矫作卑鄙，旁敲侧击的揭露社会人心贪婪枉法及保守迷信。不过，对处于社会下层的广大人民悲惨境遇的生活，纪昀在笔调中也表达出深刻的同情与悲悯。在每则故事结尾处，作者总是会来那么几句短语，以衡平的语气来评断其故事的来龙去脉、是非曲直之所在或其有否通情达理之处地，这些评后语也总是耐人寻味。

◆ 有富室偶得二小狼，与家犬杂畜，亦与犬相安。稍长，亦颇驯，竟忘其为狼。一日，主人昼寝厅事，闻群犬呜呜作怒声，惊起周视，无一人。再就枕将寐，犬又如前。乃伪睡以俟，则二狼伺其未觉，将啮其喉，犬阻之不使前也。乃杀而取其革。

【译文】有一个富户偶然捉得两只小狼，和家犬一起养着，小狼和家犬也相安无事。稍微长大了，它也很驯服，主人竟忘了它们是狼。有一天，主人白天睡在客厅里，听见狗呜呜地叫，他惊醒后四面察看，没有一个人。他躺下又睡，狗又像先前那样叫起来。他就假装睡着观察，却见那两只狼趁他睡觉欲咬他的喉咙，家犬阻挡着不让上前。于是他把狼杀了，剥了它们的皮。

◆ 南宫鲍敬之先生言：其乡有陈生，读书神祠。夏夜袒裼睡庑下[①]，梦神召至座前，诃责甚厉。陈辩曰："殿上先有贩夫数人睡，某避于庑下，何反获愆？"神曰："贩夫则可，汝则不可。彼蠢蠢如鹿豕[②]，何足与较？汝读书而不知礼乎？"

【注释】①袒裼（tǎn xī）：脱去衣服，裸露肢体。庑（wǔ）：指堂下四周的廊屋。②豕（shǐ）：猪。

【译文】南宫人鲍敬之先生说，他的家乡有个姓陈的后生，喜欢在神祠里读书。夏天的晚上，他光着身子躺在充廊屋下，梦见神把他召到座前，责骂训斥得很厉害。陈生辩白说："殿上先前有几个小贩在睡，我躲避到这个廊屋下，为什么反而受到谴责？"神说："那些小贩可以在那里睡，你就不行。他们那些人像鹿和猪那样愚蠢，你怎么可以和他们比较呢？你读书却不懂得礼仪吗？"

78《徐霞客游记》

《徐霞客游记》是以日记体为主的地理著作。作者徐霞客（1587—1641），名弘祖，字振之，号霞客，汉族，明南直隶江阴（今江苏江阴市）人，伟大的地理学家、旅行家和探险家。

明末地理学家徐霞客历经34年旅行，写有天台山、雁荡山、黄山、庐山等名山游记17篇，以及《浙游日记》《江右游日记》《楚游日记》《粤西游日记》《黔游日记》《滇游日记》等著作。除佚散者外，遗有60余万字游记资料，死后由他人整理成《徐霞客游记》。世传本有10卷、12卷、20卷等数种，主要按日记述作者1613—1639年间旅行观察所得，对地理、水文、地质、植物等现象均作详细记录，在地理学和文学上具有重要的价值。

◆ 路宛转石间，塞者凿之，陡者级之，断者架木通之，悬者植梯接之。下瞰峭壑阴森，枫松相间，五色纷披，灿若图绣。

【译文】路在石峰之间弯来转去，阻塞的地方被凿开，陡峭的地方修出阶梯，断裂的地方搭木接通，悬空处安置梯子连接。往下俯瞰，壑谷峻峭阴森，枫树和松树相互夹杂，五彩缤纷，像图画、锦绣一样灿烂。

◆ 问下山道，导者曰："正道从万岁峰抵麓二十里。若从西沟悬溜而下，可省其半，然路极险峻。"余色喜，谓嵩无奇，以无险耳。亟从之，遂策杖前。始犹依岩凌石，披丛条以降。既而从两石峡溜中直下，仰望夹崖逼天。先是峰顶雾滴如雨，至此渐开，景亦渐奇。然皆垂沟脱磴，无论不能行，且不能止。愈下，崖势愈壮，一峡穷，复转一峡。吾目不使旁瞬目不斜视，吾足不容求处息也。如是十里，始出峡，抵平地，得正道。

【译文】询问下山的道路，向导说："正道顺万岁峰下到山脚有二十里。如果顺西沟悬空滑行而下，可以省掉一半的路程，但是道路极其险峻。"我面露喜色，原来认为嵩山不奇，因为没有险峻之处。赶忙跟随向导，拄着手杖往前走。开始还傍靠着岩石穿越，拨开丛密的草木往下走。接着就从两石峡中滑行直下，仰望夹在两旁的崖壁几乎逼近天际。在这之前，峰顶上的雾气像雨一样往下滴，下到这里雾气渐渐散开，景色也渐渐奇异。但一直是垂直的沟谷，没有石阶，不要说不能行走，而且无法停留下来。越往下滑，崖壁的气势愈壮观，下完一道峡谷，又转入另一道峡谷。我的眼睛不敢斜视，我的脚不能停住。就这样下了十里，才走出峡谷，到达平地，上了正道。

◆ 数里，始历高巅。四望白云，迷漫一色，平铺峰下。诸峰朵朵，仅露一顶，日光映之，如冰壶瑶界，不辨海陆。然海中玉环一抹，若可俯而拾也。

【译文】走了数里，才到达高峰之巅。四下一望，白云弥漫，一片白色平铺在山峰下面。各座山峰就像云海中的朵朵鲜花，仅露出一点峰顶，阳光辉映在峰顶之上，这景致就好像神仙世界一般，让人不能辨别哪里是云海哪里是山川陆地。然而，那云海中的玉环山犹如一抹飘带，似乎可以俯身去拾起来。

◆ 余出嵩、少，始见麦畦青；至陕州，杏始花，柳色依依向人；入潼关，则驿路既平，垂杨夹道，梨李参差矣；及转入泓峪，而层冰积雪，犹满涧谷，真春风所不度也。过坞底岔，复见杏花；出龙驹寨，桃雨柳烟，所在都有。忽忆日已清明，不胜景物悴情。

【译文】我从嵩山、少室山出来时，才看到田里麦苗青青；到了陕州，杏树刚刚开花，嫩绿的柳枝随风摇摆，十分动人；进入潼关，大路平坦，高大的杨树立在道路两旁，梨树、李树高低不齐；等到转到泓峪，却是层层的冰冻积雪遍布山谷沟涧，真是春风不度的地方啊。经过坞底岔时，又看到杏花开放；从龙驹寨出去，桃红柳绿，所到之处一片春色。忽然想起已到清明时节，不由触景生情。

79《梦溪笔谈》

《梦溪笔谈》成书于11世纪末，是一部涉及古代汉族自然科学、工艺技术及社会历史现象的综合性笔记体著作。作者沈括（1031—1095），字存中，号梦溪丈人，北宋浙江杭州钱塘县（今浙江杭州）人。我国历史上最卓越的科学家之一，也是政治家、工程师、外交家，精通天文、数学、物理学、化学、地质学、气象学、地理学、农学和医学。

全书包括《笔谈》《补笔谈》《续笔谈》三部分，共17目，609条（不同版本稍有出入），内容涉及天文、数学、物理、化学、生物、地质、地理、气象、医药、农学、工程技术、文学、史事、音乐和美术等。全书有多于三分之一的篇幅用于记述并阐发自然科学知识，详细记载了古代劳动人民在科学技术方面的卓越贡献和他自己的研究成果，总结了中国古代特别是北宋时期的科学成就。此外，在社会历史方面，《梦溪笔谈》对北宋统治集团的腐朽有所暴露，对西北和北方的军事利害、典制礼仪的演变和旧赋役制度的弊害，都有较为详实的记载。

◆ 古法，以牛革为矢服，卧则以为枕。取其中虚，附地枕之，数里内有人马声，则皆闻之。盖虚能纳声也。

【译文】古人有一种习惯，是以牛皮制成的革做箭袋，睡卧时就以这革袋当枕头。这是利用革袋中空的特点，把它贴到地面枕上去，数里之内有人马的声音，就都能够听到。大抵凡是中空之物就能够接纳声波。

◆ 庆历中，有近侍犯法，罪不至死，执政以其情重，请求杀了他。范希文独无言，退而谓同列曰：“诸公劝人主法外杀近臣，一时虽快意，不宜教手滑。”诸公默然。

【译文】庆历年间，有皇帝身边的侍从犯法，罪不至判死刑，执政大臣以其情节严重，请求杀了他。唯独范希文（仲淹）不说话，退朝后对同僚说：“诸公劝皇上在法律之外杀近臣，虽然一时痛快，但不宜让皇上这样杀人顺手。”诸公都默然无语。

◆ 孙之翰，人尝与一砚，直三十千。孙曰：“砚有何异，而如此之价也？”客曰：“砚以石润为贵，此石呵之则水流。”孙曰：“一日呵得一担水，才直三钱，买此何用？”竟不受。

【译文】有人曾送孙之翰一方砚台，据说值三十千钱。孙说：“这砚台有何特别之处，而值这么多钱？”这人说：“砚台以石料的润泽为贵，这石料呵口气就会有水在上面流。”孙说：“一日呵得一担水，才值三钱，买这玩意儿何用？”竟不接受。

80《水经注》

《水经注》是我国第一部最全面、最系统的综合性地理著作，共40卷，30多万字，是当时一部空前的地理学巨著。它名义上是注释《水经》，实际上是在《水经》基础上的再创作。全书记述了1252条河流，以水道为纲，详细记述各地的地理概况，以及有关的历史遗迹、人物掌故、神话传说等，比原著增加了近千条，文字增加了20多倍，内容比《水经》原著要丰富得多。

郦道元（470？—527），字善长，北魏范阳（今河北省涿县）人，北朝北魏地理学家、散文家。在给《水经》作注过程中，郦道元十分注重实地考察和调查研究，同时还博览了大量前人著作，查看了不少精确详细的地图，参阅了437种书籍。

《水经注》文笔隽永，描写生动，既是一部内容丰富多彩的地理著作，也是一部优美的山水散文汇集，被称为我国游记文学的开创者，对后世游记散文的发展影响颇大。

◆ 华岳本一山当河，河水过而曲行。河神巨灵，手荡脚蹋[①]，开而为两，今掌足之迹仍存华岩。

【注释】①蹋（tà）：同“踏”。

【译文】华岳原来是阻挡着黄河的一座大山，河水经过这里只得转一个大弯。河神显灵，他手推脚踢把华岳劈成两半，至今他的手印足迹还留在华岳的岩壁上。

◆ 孟门，即龙门之上口也，实为河之巨阨，兼孟门津之名矣。此石经始禹凿，河中漱广，夹岸崇深，倾崖返捍，巨石临危，若坠复倚。古之人有言，水非石凿，而能入石，信哉！其中水流交冲，素气云浮，往来遥观者，常若雾露沾人，窥深悸魄。其水尚崩浪万寻，悬流千丈，浑洪赑怒，鼓若山腾，浚波颓叠，迄于下口。方知慎子下龙门，流浮竹，非驷马之追也。

【译文】孟门，就是龙门的入口处，实际上是河上的巨险，兼有孟门津的名称。这里的岩石首先经过大禹开凿，又因河水冲蚀，河道逐渐变得宽广了。两岸高峻而深邃，倾斜的崖壁相倚相撑，巨石临近危崖，好像随时就要坠落下来似的，却又相互倚拄而悬在危崖边缘。古人有言：水虽不是凿石头的凿子，却能穿透岩石，确是如此呀！这里水流交相冲激，白色的水汽好像飘浮的云雾，来来往往遥远观看的人，常常会觉得仿佛被雾露沾湿似的；如向深处俯视，更加惊心动魄。河水在此迸溅几千丈的浪花，千丈瀑布从高崖一泻而下，浊流奔腾澎湃，狂暴地涌起如山的巨浪激荡腾跃，疾驰的洪波层层叠叠崩颓而下，直到下游出水口。这才知道《慎子》中所记载的：下龙门时，漂流浮竹，不是驷马所能追上的。

◆ 自黄牛滩东入西陵界，至峡口百许里，山水纡曲，而两岸高山重障，非日中夜半，不见日月，绝壁或千许丈，其石彩色形容，多所象类；林木高茂，略尽冬春。猿鸣至清，山谷传响，泠泠不绝。所谓三峡，此其一也。崧言：常闻峡中水疾，书记及口传悉以临惧相戒，曾无称有山水之美也。及余来践跻此境，既至欣然，始信耳闻之不如亲见矣。其叠崿秀峰，奇构异形，固难以辞叙。林木萧森，离离蔚蔚，乃在霞气之表。仰瞩俯映，弥习弥佳，流连信宿，不觉忘返。目所履历，未尝有也。既自欣得此奇观，山水有灵，亦当惊知己于千古矣。

【译文】从黄牛滩向东进入西陵峡，到西陵峡的出口一百里左右，山水曲曲折折，两岸山脉高峻重重叠叠，不到日中看不见太阳，不到半夜看不见月亮，绝壁有的有千丈左右，那石头是彩色的，形状大多像一些什么东西。树木高大茂密，到了春冬之交稍显凋零，猿鸣特别清越，在山谷中传响，清脆的声音传送不绝。所说的三峡，这就是其中之一。山松说："常听说峡中水流湍急，记录下来的或口口相传的都是拿恐惧相警戒，不曾有人称赞山水的美丽。等到我来到这个地方，并感到欣喜以后，才相信耳闻不如亲眼所见。那重重叠叠秀丽的山峰，奇特的构造，怪异的形状，本来就难以用语言来描绘。林木阴森肃穆，郁郁葱葱，仰头欣赏，俯身体味，越熟悉越感到好，流连了两天，忘了返回。眼睛所看到的，从未有过。自从高兴地看到这个奇特的景观，山水如果有灵性，也应当一定会像遇到知己一样高兴！”

◆ 竹柏之怀，与神心妙远，仁智之性，共山水效深，更为胜处也。

【译文】有碧竹松柏的胸怀，可以和神心一样深奥悠远；有仁爱智慧的本性，可以和这里的山水一样深邃，这就是最好的地方了。

81《孙子兵法》

《孙子兵法》是一部中国古典军事文化著作，又称《孙武兵法》《吴孙子兵法》《孙子兵书》《孙武兵书》等，是中国现存最早的兵书，也是世界上最早的军事著作，被誉为“兵学圣典”和“古代第一兵书”。唐太宗李世民说：“观诸兵书，无出孙武。”

孙武（前545？—前470？），字长卿，齐国乐安人，春秋时期著名的军事家、政治家，尊称“兵圣”。后人尊称其为孙子、孙武子，百世兵家之师，东方兵学的鼻祖。

《孙子兵法》共13篇，共有6000字左右，由孙武草创，经其弟子整理成书。书中兵法讲究谋略，而谋略则是一种大智慧，集中概括了战略战术的一般规律，这在当时乃至后世的军事理论和战争实践中都产生了深远的影响。其内容博大精神，思想深邃，逻辑缜密，是古代汉族军事思想精华的集中体现，处处表现了道家与兵家的哲学，被誉为世界三大兵书之一（另两部是克劳塞维茨的《战争论》、宫本武藏的《五轮书》）。

◆ 故善战者，立于不败之地，而不失敌之败也。是故胜兵先胜而后求战，败兵先战而后求胜。

【译文】所以，善于打仗的人，能使自己处于不败之地，而且不错过任何使敌人致败的时机。所以，打胜仗的军队，总是先造成取胜条件之后才去交战，而打败仗的军队，总是先去交战而在战争中企图侥幸取胜。

◆ 夫兵久而国利者，未之有也。故不尽知用兵之害者，则不能尽知用兵之利也。

【译文】战争旷日持久而有利于国家的事，从来没有过。所以，不能详尽地了解用兵的害处，就不能全面地了解用兵的益处。

◆ 故善用兵者，屈人之兵而非战也，拔人之城而非攻也，毁人之国而非久也，必以全争于天下。故兵不顿，而利可全，此谋攻之法也。

【译文】因此，善于用兵的人，使敌人屈服而不是靠战争，攻取敌人的城池而不是靠硬攻，消灭敌国而不是靠久战，用完善的计策争胜于天下，故而兵力不至于折损，却可以获得全胜，这就是以谋攻敌的方法。

◆ 善守者藏于九地之下，善攻者动于九天之上，故能自保而全胜也。

【译文】善于防守的，把自己的兵力隐藏在深不可测的地方；善于进攻的，部队就像从天上突然而降，因此既能保全自己，又能获得全胜。

◆ 夫兵形象水，水之形，避高而趋下，兵之形，避实而击虚。水因地而制流，兵因敌而制胜。故兵无常势，水无常形，能因敌变化而取胜者，谓之神。

【译文】用兵的规律像水流动的规律一样避开高处而向低处奔流，用兵的规律是避开敌人坚实之处而攻击其虚弱的地方。水因地势的高下而制约其流向，作战则根据敌情而决定取胜的方针。所以，作战没有固定不变的方式方法，就像水流没有固定的形态一样，能依据敌情变化而取胜的，就称得上用兵如神了。

◆ 兵者，诡道也①。故能而示之不能，用而示之不用，近而示之远，远而示之近；利而诱之，乱而取之，实而备之，强而避之，怒而挠之②，卑而骄之，佚而劳之，亲而离之。攻其无备，出其不意。此兵家之胜，不可先传也。

【注释】①诡道：欺诈之术。诡，欺诈。道，引申为方法、计谋。②挠，挑逗。

【译文】战争，本来是一种诡诈之术。所以，能战而示之软弱，要打而装作退却，要攻近处而装作攻击远处，要想远袭而又装作近攻；敌人贪利，就用小利引诱；敌人混乱就要攻取；敌人力量充实，就要防备；敌人兵强卒锐，就避其锋头；敌人气势汹汹，就设法扰乱它；敌人谦卑，就要使之骄横；敌人安逸，就要使之疲劳；敌人内部和睦，就要离间他们。总之，要在敌人没有防备处攻击，在敌人料想不到的时候采取行动。这是军事指挥家制胜的秘诀，是不能预先作呆板的规定。

82《吴子》

《吴子》，又名《吴起兵法》《吴子兵法》，我国古代重要的军事典籍。后世将《吴子》与《孙子》合成《孙吴兵法》，宋代时《吴子兵法》被列入《武经七书》。《汉书·艺文志》载《吴子》48篇，大多亡佚。今本《吴子》2卷6篇，分为《图国》《料敌》《治兵》《论将》《应变》《励士》。

吴起（？—前381），战国时卫国人，著名军事家。他在鲁魏楚三国出将入相，积累了丰富的军事经验，并将之深化为理论。其主要谋略是“内修文德，外治武备”，注重强化国防力量，强调国家和军队的协调统一。他治军严明，能与士卒共甘苦。

其中，《料敌》强调分析敌情的重要性，《应变》论述了应急战法和胜敌策略，《治兵》《论将》和《励士》阐述了其治军思想。认为战争是千变万化的，要根据不同情况而采取应变措施；军队能否打胜仗，不完全取决于数量上的优势，重要的是依靠军队质量；重视将帅谋略，重视士卒训练，强调赏功以励士兵。

◆ 凡战之要，必先占其将而察其才，因形用权，则不劳而功举。

【译文】一般说作战最重要的是，首先探知敌将是谁，并充分了解他的才能。根据敌人情况，采取权变的方法，不费多大力气，就可取得成功。

◆ 凡兵战之场，立尸之地，必死则生，幸生则死。其善将者，如坐漏船之中，伏烧屋之下，使智者不及谋，勇者不及怒，受敌可也。

【译文】凡两军交战的场所，都是流血牺牲的地方。抱必死决心就会闯出生路，侥幸偷生就会遭到灭亡。所以，善于指挥作战的将领，要使部队就像坐在漏船上，和伏在燃烧着的房屋下那样，让聪明的人来不及谋划，勇武的人来不及发怒，这样就可以对敌了。

◆ 夫总文武者，军之将也，兼刚柔者，兵之事也。凡人论将，常观于勇，勇之于将，乃数分之一尔。夫勇者必轻合，轻合而不知利，未可也。

【译文】文武兼备的人，才可以胜任将领；能刚柔并用，才可以统军作战。一般人对于将领的评价，往往是只看他的勇敢，其实勇敢对于将领来说，只是应该具备的若干条件之一。单凭勇敢，必定会轻率应战，轻率应战而不考虑利害是不可取的。

◆ 民知君之爱其命，惜其死，若此之至，而与之临难，则士以进死为荣，退生为辱矣。

【译文】让民众知道国君爱护他们的生命，怜惜他们的死亡，做到这样周到的地步，然后再率领他们去打仗，他们就会尽力前进以赴死为光荣，以后退偷生为耻辱了。

83《司马法》

《司马法》，又称《司马穰苴兵法》，约成书于战国初期，我国古代著名兵书。据《史记》所记：“齐威王使大夫追论古者司马兵法而附穰苴于其中。”汉武帝时，“置尚武之官，以《司马兵法》选，位秩比博士”。司马迁称《司马法》“闳阔深远，虽三代征伐，未能竟其义，如其文也”。东汉以后，马融、郑玄、曹操等人的著作都曾以《司马法》为文献资料而加以征引。宋代时把《司马法》列为“武经七书”之一，定为将校必读之书。

司马穰苴（生卒年不详），春秋末期齐国人。原姓田，名穰苴，被齐景公封为大司马，故又称司马穰苴。《司马法》最早见于《汉书·艺文志》，称《军礼司马法》。汉朝以后该书多有散佚，《隋书·经籍志》录3卷5篇，即今本《司马法》3卷5篇。

《司马法》流传至今两千多年，在这残存的5篇之中，记载了从殷周到春秋战国时的一些作战原则和方法，是研究当时军事思想的重要资料。书中提出了“以战止战”的军事思想，认为战争是为了“讨不义”“诛有罪”。在战略战术上，重视武器的轻重组合，取长补短，以充分发挥各种武器的性能，取得最好效果。

◆ 故国虽大，好战必亡；天下虽平，忘战必危。

【译文】所以国家虽然强大，好战必定灭亡；天下虽然太平，忘记备战必定危险。

◆ 将受命之日，则忘其家；临军约束[1]，则忘其亲；援桴鼓之急[2]，则忘其身。

【注释】①临军：将出作战。②援枹（fú）：手持鼓槌。鼓：击鼓，擂鼓。

【译文】身为将领，从接受任命起，就应当忘掉自己的家庭。即将出战，要遵守军中法令，就应当忘掉自己的亲人。击鼓指挥军队进击的时候，就应当忘掉自身的安危。

◆ 古者以仁为本，以义治之，治之谓正。是故杀人安人，杀之可也。攻其国，爱其民，攻之可也。以战去战，虽战可也。

【译文】古人以仁爱为根本，用合乎道义的方法来治理国家，这种治理的方法叫作政治。因此，杀掉坏人而使大众得到安宁，杀人是可以的；攻打别的国家是为了爱护自己的民众，攻打是可以的；战争的目的是为了制止战争，虽然去战争，也是可以的。

◆ 人有胜心，惟敌之视。人有畏心，惟畏之视。两心交定，两利若一。两为之职，惟权视之。

【译文】人们都有了求胜之心，这时就应该着重研究敌情是否能打。人们都有畏惧之心，这时就应着重研究他们是畏惧敌人还是畏惧将帅。把求胜之心和畏惧之心都研究清楚，把两方面的有利条件都发挥出来。而对这两方面情况的掌握，就全在于将帅的权衡。

◆ 居国惠以信，在军广以武，刃上果以敏。

【译文】治国要施恩惠、讲信用，治军要宽厚威严，临阵要果断敏捷。

◆ 心中仁，行中义，堪物智也，堪大勇也，堪久信也。

【译文】思想要合乎仁爱，行为要合乎道义，处理事物要靠智慧，制服强敌要靠勇敢，长久地赢得人心要靠信任。

◆ 教约人轻死，道约人死正。

【译文】用法令约束人，只能使人不敢怕死；用道义感动人，才能使人们愿意为正义而死。

84《孙膑兵法》

《孙膑兵法》是中国古代最著名的汉族军事著作之一，也是《孙子兵法》后“孙子学派”的又一力作，是反映古代汉族道家思想与军事思想的代表作之一。《孙膑兵法》古称《齐孙子》，作者孙膑（生卒年不详），战国初期军事家，兵家代表人物。因受过膑刑，故名孙膑，传说是孙武的后代。

《汉书·艺文志》把它与《吴孙子兵法》并列。《齐孙子》89 篇，图 4 卷。1972 年 2 月，山东临沂银雀山一号汉墓出土了竹简本的《孙膑兵法》，这使失传已久的古书得以重见天日。竹简本《孙膑兵法》经过认真整理，分为上、下两编，上编可以确定属于《齐孙子》的有 15 篇，包括《禽庞涓》《见威王》《威王问》和《陈忌问垒》等；下编是还不能确定属于《齐孙子》的论兵之作。竹简本篇数少于《艺文志》著录本，也不是完善的版本。

◆ 攻其无备，出其不意。

【译文】趁敌人还没有防备或没有意料时就采取行动。

◆ 间于天地之间，莫贵于人。

【译文】在天地之间，没有比人更可贵的。

◆ 是故兵者不可不察。然夫乐兵者亡，而利胜者辱。兵非所乐也，而胜非所利也。

【译文】因此，对用兵作战的事不能不慎重对待。那些好战的人就会导致亡国，贪求胜利的人就会导致受辱。所以说，打仗不是好玩的，而胜利了也不一定就能得到利益。

◆ 智不足，将兵，自恃也。勇不足，将兵，自广也。不知道，数战不足，将兵，幸也。

【译文】智谋不足的人统兵，是盲目自负。勇气不足的人统兵，是盲目自大。不懂兵法，又没有一定实战经验的人统兵，那就只能靠侥幸了。

◆ 孙子曰：“德行者，兵之厚积也。信者，兵之明赏也。恶战者，兵之王器也。”

【译文】孙膑说：“高尚的品德，是军队建设的深厚基础。讲信用，就是军队要严明奖赏。不好战，才是用兵的根本。”

85《鬼谷子》

《鬼谷子》一般指战国纵横家鼻祖鬼谷子王诩（生卒年不详）的著作。鬼谷子，姓王，名诩，又名王禅、王通，号玄微，是春秋战国时期兵家、纵横家的鼻祖，先秦诸子之一。他是中国历史上一位极具神秘色彩的人物，被誉为千古奇人。长于持身养性，精于心理揣摩，深明刚柔之势，通晓纵横捭阖之术。鬼谷子常入云梦山采药修道，因隐居周阳城清溪之鬼谷，故自称鬼谷先生。苏秦与张仪为其最杰出的两个弟子。

《鬼谷子》，又名《捭阖策》，据传是由鬼谷子先生之后学者根据先生言论整理而成，侧重于权谋策略及言谈辩论技巧。《鬼谷子》共有14篇，其中第13、14两篇（“转丸”“胠乱”）失传。《鬼谷子》作为纵横家游说经验的总结，它融会了鬼谷子毕生学术研究的精华。该书作为纵横家的代表著作，为后世了解纵横家与道家的思想提供了不少参考。

◆ 物有自然，事有合离。有近而不可见，有远而可知。近而不可见者，不察其辞也；远而可知者，反往以验来也。

【译文】万物都有运行的规律存在，无时不在离合之中。有的近在眼前却不察觉，有的虽然远隔千山却能知晓了解。近而不可见，就是因为对事情的状况没有搞清楚。距离远却能彼此熟悉，是因为观察它以前的轨迹，了解体察它将来的发展趋势。

◆ 人之情，出言则欲听，举事则欲成。是故智者不用其所短而用愚人之所长，不用其所拙而用愚人之所工，故不困也。

【译文】人之常情，只要自己说出话就希望有人听，只要办事情就希望能成功。所以一个有智慧的人不用自己的短处而用愚者的长处，不用自己的短处而用愚人的长处，这样就使自己永远不会陷于窘迫。

◆ 夫仁人轻货，不可诱以利，可使出费；勇士轻难，不可惧以患，可使据危；智者达于数，明于理，不可欺以不诚，可示以道理，可使立功；是三才也。

【译文】那些仁人君子必然轻视财货，所以不能用金钱来诱惑他们，反而可以让他们捐出资财；勇敢的壮士自然会轻视危难，所以不能用祸患来恐吓他们，反而可以让他们镇守危地；一个有智慧的人，通达礼教，明于事理，不可不诚信去欺骗他们，反而可以给他们讲清道理，让他们建功立业。这就是所谓仁人、勇士、智者的“三才”。

86《六韬》

《六韬》又名《太公六韬》《太公兵法》，是一部古代兵书，集先秦军事思想之大成，以太公与文王、武王对话形式编撰。其内容涉及有关战争的各个方面，"言取天下及军旅之事"，论述治国治军和指导战争的理论、原则，以战略论和战术论最为精彩，被誉为"兵家权谋之始祖"。

司马迁《史记·齐太公世家》中说："后世之言兵及周之阴权。皆宗太公为本谋。"《隋书·经籍志》收录此书，题"周文王师姜望撰"，即姜太公吕望所著。但被认为是后人依托姜太公所著，作者已不可考。北宋神宗时，《六韬》被列于"武经七书"，为武学必读书。

现存《六韬》6卷，共60篇。其中，文韬，论治国用人；武韬，讲用兵之道；龙韬，论军事组织；虎韬，论战争环境及武器与布阵；豹韬，论战术；犬韬，论军队指挥。

◆ 利天下者，天下启之；害天下者，天下闭之。

【译文】为天下谋利的人，天下人支持他；为害天下的人，天下人摒弃他。

◆ 夫王者之道如龙首，高居而远望，深视而审听，示其形，隐其情，若天之高不可极也，若渊之深不可测也。

【译文】做君主的方法如同龙头一样要高瞻远瞩、洞察一切，深刻观察问题，审慎听取意见，表现庄严肃穆，隐藏内心真情，使人感觉像天那样高而不可穷极，像深渊那样深而不可测。

◆ 太公曰："利而勿害，成而勿败，生而勿杀，与而勿夺，乐而勿苦，喜而勿怒。”

【译文】太公说：“要给予民众利益而不损害他们的利益，使民众取得成功而不败坏他们的事情，保护民众生命而不无辜杀害他们，给予民众实惠而不掠夺侵占，使民众安乐而不要让他们蒙受痛苦，让民众喜悦而不要激起他们愤怒。”

◆ 所谓大者，尽得天下之民。所谓众者，尽得天下之众。所谓强者，尽用天下之力。所谓安者，能得天下之所欲。所谓天子者，天下相爱如父子，比之谓天子。

【译文】所谓大者，是尽得天下人民的拥护；所谓众者，是指能得到天下百姓的支持；所谓强者，是指天下人都意愿为他效力；所谓安者，是指能顺从天下人的意愿；所谓天子，是指能做到与天下人相亲相爱如同父子一般，这才称得上是天子。

◆ 故智者，从之而不释；巧者，一决而不犹豫。是以疾雷不及掩耳，迅电不及瞑目。赴之若惊，用之若狂，当之者破，近之者亡，孰能御之？

【译文】所以，明智的指挥者抓住战机就不放过，机智的指挥者一经决定就绝不迟疑。所以投入战斗才能像迅雷使人不及掩耳，像闪电使人不及闭目，前进有如惊马奔驰，作战有如狂风迅猛，阻挡它的就被击破，靠近它的都被消灭，这样的军队谁还能抵抗呢？

◆ 故兵者，国之大事，存亡之道，命在于将。将者，国之辅，先王之所重也。故置将不可不察也。故曰：兵不两胜，亦不两败。兵出逾境，期不十日，不有亡国，必有破军杀将。

【译文】战争，是国家的大事，它关系着国家的存亡，国家的命运掌握在将帅手里。将帅，是国家的辅佐，为历代君王所重视，因此任命将帅不可不认真审察。所以说，战争的双方不可能都取得胜利，也不可能都遭到失败。只要军队越出国境，不出十天，不是一方亡国，就必然是另一方军队被击破、将领被斩杀。

87《尉缭子》

《尉缭子》共5卷24篇，古代重要兵书，成书于战国晚期。《汉书·艺文志》收录29篇，唐初《群书治要》节选4篇。今存24篇，前12篇主要论述战争和政治，后12篇讲先秦军令和军事制度。

《尉缭子》反对“天官时日，阴阳向背”的迷信观念，强调政治、经济对军事的决定作用，具有朴素唯物论思想。在战略战术上，主张不打无把握之仗，反对消极防御；主张使用权谋，争取主动。其思想糅合了儒、法、道、墨诸家观点，这在先秦兵书中独具一格。后世兵家对其思想内容多有引述和阐发。

作者据说是魏惠王时隐士，书中《天官第一》有“梁惠王问尉缭子曰”句，因此一般认为尉缭是梁惠王时人。他将战争分为“挟义而战”和“争私结怨”两类，支持“诛暴乱，禁不义”，反对“杀人之父兄，利人之货财，臣妾人之子女”，强调战争是为了实现统一，并要重视军队制度建设。

◆ 兵者①，凶器也；战者，逆德也；争者，事之末也。王者所以伐暴乱而定仁义也，战国所以立威侵敌也②，弱国所以不能废。

【注释】①兵：兵器。②战国：指统治一方且互相交战的国家。

【译文】兵器，是杀人的凶器。战争，是有悖于道德仁爱的行为。争夺，是最末等的事情。所以仁爱百姓的王者用它来讨伐暴乱，来确立仁义。互相交战的国家用它来树立权威，抵御外敌侵犯。弱小的国家用它来保卫自己，以免被灭亡。

◆ 十万之师出，费日千金。故百战百胜，非善之善者也；不战而胜，善之善者也。

【译文】动用十万人的军队，其军费每天耗费数千金。因此强调百战百胜并不是最高明的，不战而胜才算是最高明的。

◆ 王者民望之如日月①，归之如父母②，归之如流水。故曰："明乎禁舍开塞③，其取天下若化。"故曰："国贫者能富之，地不任者能任之，四时不应者能应之。"

【注释】①望：景仰。②归：归附。③禁舍开塞：禁罚和赦免，开放和闭锁。

【译文】善于治国的王者，人民仰慕他就像仰望日月一样，归附他就像回到了父母身边一样，归附他如同流水归向大海一样。所以说："明白了禁罚、赦免、开放、闭锁的时机和道理，那么取得天下就像万物化生一样自然。"所以说："国家贫穷的能使它富裕，土地不能耕种的能使其可耕可种，四季农时不能按时的能使它按时。"

88《将苑》

《将苑》又称《心书》，是中国古代一部专门讨论为将之道的军事著作。宋代称将苑，而明代始称《心书》，但无论《将苑》还是《心书》，既不见陈寿之目，亦不见隋唐史志，而始见于宋《遂初堂书目》，题为《诸葛亮将苑》，明人编诸葛亮集时才收入其中。姚继恒《古今伪书考》及《四库全书总目提要》皆判断其为伪书。顾实在《重考古今伪书考》中进一步说：“《蜀志·诸葛亮传》详列著作于后，初无是书之名，隋唐诸《志》，宋人书目亦俱不载之，故是书最为晚出。自《兵权》以纥《北狄》，凡五十篇，篇幅均不甚长，即可知其窘于才矣。”

◆ 夫为将之道，军井未汲，将不言渴；军食未熟，将不言饥；军火未然，将不言寒；军幕未施，将不言困；夏不操扇，雨不张盖，与众同也。

【译文】身为将帅，在作风上还要注意一些日常的小事：军营中的水井还没有打上水来时，作将帅的就不要先喊口渴；给士卒吃的饭还没有煮好，将帅也不要先喊饥饿；军营中的火堆还没有点燃，将帅也不要先叫寒冷；军中的帐篷还没有搭造完毕，将帅也不要先言困乏；夏天酷热，将帅不要轻易地拿把扇子扇风；多雨天气，将帅也不要首先举伞避雨。总之，在各种生活细节上要处处与士兵相同。

◆ 夫出师行军，以整为胜。若赏罚不明，法令不信，金之不止，鼓之不进，虽有百万之师，无益于用。

【译文】部队作战以保持整体的战斗力为胜利的关键。如果将帅对部下赏罚不公、赏罚无度，将官的命令不能让部下信服，如果士兵不服从指挥，鸣金时不停止，击鼓时不前进，就是有百万大军，也起不到任何实际的作用。

◆ 兵者凶器，将者危任，是以器刚则缺，任重则危。故善将者，不恃强，不怙势，宠之而不喜，辱之而不惧，见利不贪，见美不淫，以身殉国，壹意而已。

【译文】兵器是一种凶器，统兵为将是一种危险的责任。兵器刚硬，容易缺损，将领任务重大所以有风险。因此，真正的将帅不以自己的部队强大有威势做靠山，当他受到君主的宠爱时不得意忘形，当他受到别人的诽谤污辱时也不惧怕、退缩，看到利益时不起贪念，见到美女时更不心生邪念，只知全心全意保家卫国、以身殉职。

◆ 仁爱洽于下，信义服邻国，上知天文，中察人事，下识地理，四海之内视如家室，此天下之将。

【译文】以仁爱之心使属下融洽，以信义使邻国服从，上知晓天文，中明晓人事，下知晓地理，放眼四海之内，治家如同治国，治国如同治家，和谐圆满，这样的将领是天下之将，可以治理整个天下。

◆ 夫一人之身，百万之众，束肩敛息，重足俯听，莫敢仰视者，法制使然也。若乃上无刑罚，下无礼义，虽有天下，富有四海，而不能自免者，桀纣之类也。

【译文】将帅能使自己一人指挥的百万大军，缩肩屏息、双脚并拢，恭恭敬敬地接受命令，不敢抬头向上看，这是严格法令的结果。如果上无刑罚制的部下，部下不知礼义，虽然据有天下，尽占四海之内的财富，也难逃自我灭亡的命运，比如夏桀、商纣这样的暴君。

◆ 夫因人之势以伐恶，则黄帝不能与争威矣；因人之力以决胜，则汤、武不能与争功矣。若能审因而加之威胜，则万夫之雄将可图，四海之英豪受制矣。

【译文】如果能顺应百姓的心愿来征伐邪恶势力，就是黄帝也不能与这样的行为比较威严；如果能借助百姓的力量，群策群力获得胜利，那么就是商汤、周武王也不能与这样的行为比较功劳。如果能够在此基础上审时度势，以德威服人，那么天下的各路英雄都会屈服在这样的将帅之下，四海之内的各方豪杰也会甘心受到节制。

89《素书》

《素书》，张良（？—前190？）得隐士黄石公所传，读此书可为帝王者师。全书仅有6章，132句，1360字。这样一本薄薄的书，却在中国谋略史上占据重要地位。书中语言高度精练，字字珠玑，句句名言，对人性把握精准独到，对事物变化观察入微，对谋略点拨恰到好处。

黄石公，战国末期的大智者，中国历史上著名的隐士，真实姓名已不可考。其弟子张良曾把谷城山道路旁边的一块黄石头，拿回家供奉起来以纪念恩师，故后人称此公为黄石公。著有《素书》《三略》等书。

《素书》相传为秦末黄石公作，民间视为奇书、天书。《素书》以道家思想为宗旨，集儒、法、兵的中国传统哲学思想发挥道的作用及功能，同时以道、德、仁、义、礼为立身治国的根本，揆度宇宙万物自然运化的理数，以此认识事物，对应事物、处理事物的智能之作。传说黄石公三试张良，而后把此书授予张良。张良凭借此书，助刘邦定江山。

◆ 夫志心笃行之术，长莫长于博谋。

【译文】使志向坚定好专心行事的方法，最好的莫过于深思多谋。

◆ 小功不赏，则大功不立；小怨不赦，则大怨必生。

【译文】小的功劳不奖赏，就不会建立大功劳；小的怨恨不宽赦，大的怨恨便会产生。

◆ 守职而不废，处义而不回。

【译文】恪尽职守而无所废弛，坚守道义而不稍加改变。

◆ 义者，人之所宜，赏善罚恶，以立功立事。

【译文】义是人们所认为符合某种道德观念的行为，人们根据它来奖善罚恶，以建立功劳、成就事业。

◆ 恭俭谦约，所以自守；深计远虑，所以不穷。

【译文】恭敬节俭，谦虚克制，这样可以自守不辱；深谋远虑，谋划长远这样就不至于困危。

◆ 德足以怀远，信足以一异，义足以得众。

【译文】品德足以使远方之人前来归顺，信用足以使异议得到统一，仁义足以使自己得到众人的拥戴。

90《三十六计》

《三十六计》是我国古代兵家计谋的总结和军事谋略学的宝贵遗产，是根据我国古代卓越的军事思想和丰富的斗争经验总结而成的智谋书。它精炼概括了中国谋略的全部精华，是当代中外智谋学家颇为关注的重要著作之一，在众多的兵书中独树一帜。《三十六计》雄踞一流，是中华民族智慧宝库中的经典，与著名的《孙子兵法》并称为世界军事史上的双壁。

“三十六”本为虚数，只是借太阳六六之数，表示诡计多端而已。“三十六计”中每六计为一套，共分“胜战计”“敌战计”“攻战计”“混战计”“并战计”“败战计”六套。每计中的文字虽然不多，但非常精炼，其中每计中的尾语均依据《易经》中的阴阳变化之理及古代兵家刚柔、攲正、攻防、彼己、虚实、主客、劳逸、顺逆、高下、生死等对立关系相互转化的思想推演而成，反映了我国古代朴素的辩证方法。

《三十六计》一书在20世纪40年代之前未见有任何史书著述记载，因此它究竟是何人何时所著一直没有定论。据称，有人认为是秦朝咸阳人杨南柯，也有很多学者认为是南北朝时的檀道济。

◆ 困敌之势，不以战，损刚益柔。

【译文】迫使敌人处于困难的局面，不一定用直接进攻的手段（而采取疲惫、消耗敌人的手段），可以采取“损刚益柔”的方法相互转化的原理来使敌人由强转弱。

◆ 信而安之，阴以图之。备而后动，勿使有变。刚中柔外也。

【译文】表面上要做到使敌方信任我方而使敌人安定，丧失警惕；暗地里我方秘密策划消灭敌人的办法。做好充分准备以后才能行动，不要使敌人发生意外的变化。这就是表面上柔和而内中刚毅的道理。

◆ 摧其坚，夺其魁，以解其体。龙战于野，其道穷也。

【译文】摧毁敌人的主力，抓住它的首领，就可以瓦解它的整体力量。好比龙出大海到陆地上作战，便一筹莫展有如面临绝境一样，难以挣脱失败的命运。

◆ 共敌不如分敌，敌阳不如敌阴。

【译文】攻打集中的敌人，不如设法分散它而后再打；先打击气势旺盛的敌人，不如先打击气势低落的敌人。

◆ 备周则意怠①，常见则不疑。阴在阳之内②，不在阳之对。太阳，太阴。

【注释】①备周：防备周密。怠：松懈。②阴：指机密、隐蔽。阳：指公开、暴露。

【译文】防备周密，往往容易导致思想麻痹，意志松懈；常见的事情就不会产生疑惑（以致丧失警惕）。密谋就隐藏在公开的行动之中，并不是与公开行动相对立的。最公开的行动当中往往隐藏着最秘密的计谋。

91《楚辞》

《楚辞》是西汉刘向把屈原的作品及宋玉等人“承袭屈赋”的作品编辑而成的一部诗歌总集。它作为我国浪漫三义诗歌创作的源头，对后世文学影响深远。

屈原的作品有25篇，即《离骚》1篇、《天问》1篇、《九歌》11篇、《九章》9篇、《远游》《卜居》《渔父》各1篇。在表现手法上，屈原把赋、比、兴巧妙地糅合成一体，大量运用“香草美人”的比兴手法，把抽象的品德、意识和复杂的现实关系生动形象地表现出来。在语言形式上，屈原的作品形式上参差错落、灵活多变；语言上采用了大量楚地方言，极富于乡土气息；其方言土语大都经过提炼，辞藻华美，传神状貌，极富于表现力。屈原的作品从内容到形式都有巨大的创造性。鲁迅称屈原作品“逸响伟辞，卓绝一世”“其影响于后来之文章，乃甚或在《三百篇》(《诗经》) 以上”。

◆ 帝子降兮北渚，目眇眇兮愁予；袅袅兮秋风，洞庭波兮木叶下。

【译文】美丽的公主快要降临北岸，我已忧愁满怀望眼欲穿。凉爽的秋风阵阵吹来，洞庭湖波浪翻涌树叶飘旋。

◆ 登昆仑兮食玉英，与天地兮同寿，与日月兮齐光。

【译文】登上昆仑山来采食那美玉中的英魄，我要与天地同样长寿，我要和日月同样光明。

◆ 苏世独立，横而不流兮。闭心自慎，终不失过兮。秉德无私，参天地兮。愿岁并谢，与长友兮。

【译文】你远离世俗独来独往，敢于横渡而不随波逐流。小心谨慎从不轻率，自始至终不犯过失。遵守道德毫无私心，真可与天地相比。在万物凋零的季节，我与你结成知己。

◆ 长太息以掩涕①兮，哀民生之多艰。

【译文】我长长地叹息，掩面拭泪，感伤人生的道路是多么艰难。

◆ 惜诵以致愍兮①，发愤以抒情。所非忠而言之兮，指苍天以为正。

【注释】①愍（mǐn）：忧患。

【译文】哀惜进谏表达忧伤，发泄愤懑抒写衷情。发誓忠心陈说心声，手指苍天为我作证。

92《沧浪诗话》

《沧浪诗话》，是中国古典诗歌理论著作，约成书于南宋。《沧浪诗话》共一卷，分“诗辨”“诗体”“诗法”“诗评”“考证”五类。全书主旨是为了反对宋代存在的违背艺术规律的诗风，反对“以文字为诗，以才学为诗，以议论为诗”，提出了较有系统的诗歌理论，标榜盛唐诗歌，重视诗歌的艺术特点，并提出以禅喻诗，强调“妙悟”和“兴趣”。

严羽（1198—1241），字仪卿，南宋诗论家、诗人。《沧浪诗话》的理论对明清两代诗坛产生了重大影响，无论在诗歌发展史观、美学风格还是诗歌理论方面，都有重要的启示和发扬。

◆ 语忌直，意忌浅，脉忌露，味忌短，音韵忌散缓，亦忌迫促。

【译文】诗歌语言最忌过于直接，诗意最忌过于浅薄，诗的脉络最忌过于外露，诗的韵味最忌过于短促，诗的音韵最忌散乱缓慢，但也忌过于迫逼急促。

◆ 学诗先除五俗：一曰俗体，二曰俗意，三曰俗句，四曰俗字，五曰俗韵。

【译文】学习诗歌先要除去五种“俗”：一是俗体，二是俗意，三是俗句，四是俗字，五是俗韵。

◆ 诗之品有九：曰高，曰古，曰深，曰远，曰长，曰雄浑，曰飘逸，曰悲壮，曰凄婉。

【译文】诗歌的艺术风格分成高、古、深、远、长、雄浑、飘逸、悲壮、凄婉九种。

◆ 夫学诗以识为主：入门须正，立志须高，以汉魏晋盛唐为师，不作开元天宝以下人物。

【译文】学诗的人以见识为主：入门必须严正，立志必须高远，要以汉、魏、晋、盛唐为师，不沦为唐开元、天宝以下时期的人物。

◆ 观太白诗者，要识真太白处。太白天才豪逸，语多卒然而成者。学者于每篇中，要识其安身立命处可也。太白发句，谓之开门见山。

【译文】看李白诗歌的人，要看得到诗中“真太白”之所在。李白天才豪逸，语言多有猝然而成的地方。学诗的人在每篇诗歌当中，要看得到他安身立命的部分。李白诗歌的发句，称之为“开门见山”。

93《诗品》

《诗品》是以评论诗人诗艺的优劣高下，集中探讨五言诗歌的源流变迁为宗旨的诗论专著。作者钟嵘，字仲伟，南朝文学批评家。《诗品》大约成书于梁武帝天监十二年（513）以后。

《诗品》仿汉代"九品论人，七略裁士"的著作先例，所论的范围主要是五言诗。全书共品评了两汉至梁代的诗人122人，分为上、中、下三品进行评论，上品11人、中品39人、下品72人。在《诗品序》里，他谈到自己对诗的一般看法：一是强调赋和比兴的相济为用，二是强调内在的风力与外在的丹采应同等重视。

钟嵘《诗品》是第一部论诗的著作，对后代诗歌的批评有很大的影响。唐司空图，宋严羽、敖陶孙，明胡应麟，清王士祯、袁枚、洪亮吉等人论诗都在观点上、方法上或词句形式上受到他不同程度的启发和影响。

◆ 文温以丽，意悲而远，惊心动魄，可谓几乎一字千金！

【译文】文辞温润而美丽，意旨悲伤而超脱，令人心魂激动，可以说几乎是一字千金了！

◆ 凡斯种种，感荡心灵，非陈诗何以展其义；非长歌何以释其情。

【译文】凡此种种情况，感动激荡着心灵，不赋诗怎么能表现其中的意义？不高歌怎么能释放其中的真情？

◆ 欲以照烛三才[①]，晖丽万有[②]。灵祇待之以致飨[③]，幽微藉之以昭告④。动天地，感鬼神，莫近于诗⑤。

【注释】①照烛：照耀。三才：天、地、人。②晖丽：辉映。③灵祇（qí）：天地神灵。致飨（xiǎng）：用酒、食物等祭祀。④幽微：幽冥，指鬼神。

【译文】想要以此来照耀天地与人类，辉映世间万物。以酒、食物等祭祀天地，以祷告祭祀鬼神。要感动天地、鬼神的事物，没有什么能超过诗歌了。

◆ 故诗有六义焉：一曰兴，二曰比，三曰赋。文已尽而意有余，兴也；因物喻志，比也；直书其事，寓言写物，赋也。

【译文】《诗经》有六种义例：其一叫作兴；其二叫作比；其三叫作赋。文辞已尽而意思有余，就是兴；借助事物来表明心中所想，就是比；直接书写事物，或虚拟人事来叙写，就是赋。

94《随园诗话》

《随园诗话》，是清代诗歌美学和诗歌理论著作。作者袁枚（1716—1798），字子才，号简斋，晚年自号苍山居士，清代文学家。

全书共有26卷，其中《诗话》16卷、《诗话补遗》10卷。本书所论及的，从诗人的先天资质，到后天的品德修养、读书学习及社会实践；从写景、言情，到咏物、咏史；从立意构思，到谋篇炼句；从辞采、韵律，到比兴、寄托、自然、空灵、曲折等各种表现手法和艺术风格，以及诗的修改、诗的鉴赏、诗的编选，乃至诗话的撰写，凡是与诗相关的方方面面，可谓无所不包。《随园诗话》的精华是其所阐发的“性灵说”的美学思想。“性灵说”诗论的主要理论观点是真情、个性、诗才三方面因素，是诗歌创作主体必须具备的条件。

《随园诗话》算是清代众诗话中最著名的一种，曾被鲁迅先生称之为“不是每个帮闲都做得出来的”。

◆ 凡作人贵直，而作诗文贵曲。孔子曰：“情欲信，词欲巧。”孟子曰：“智譬则巧，圣譬则力。”巧，即曲之谓也。

【译文】大凡为人贵在正直，而作诗文贵在曲婉。孔子说：“抒怀要真诚，作词要巧妙。”孟子说：“智慧多则生巧妙，圣理熟则有力量。”巧，就是要说得曲折委婉。

◆ 凡作诗，写景易，言情难，何也？景从外来，目之所触，留心便得；情从心出，非有一种芬芳悱恻之怀，便不能哀感顽艳。

【译文】大凡作诗，写景容易，言情困难，这是什么原因呢？风景来自于身外，目光所到之处，只要留心观察就可获取；情是从心灵深处流出，没有一种缠绵悱恻的情怀，就不能写出哀伤婉约的诗。

◆《三百篇》不著姓名[①]，盖其人直写怀抱，无意于传名，所以真切可爱。今作诗，有意要人知，有学问，有章法，有师承，于是真意省而繁文多。

【注释】①《三百篇》：指《诗经》。

【译文】《诗经》不注明作者姓名，大概是作者直抒胸臆，对于传名没有兴趣，所以这些诗真切可爱。现在的人作诗，有意让人知晓，加上他们有学问，讲究章法，并各自有师承，于是注入诗作中的真情实感少，而繁复的文字多。

95《典论》

《典论》是一部政治、文化论著，三国时曹丕（187—226）著，写于任魏太子时。原22篇，大概在宋代时亡佚，今存《自叙》《论文》《论方术》。《典论·论文》是我国文学批评史上的第一篇专题论文，是汉魏文学批评史的重要文献，涉及文学批评态度、作家个性与作品风格、文体区分、文学价值等问题。作者认为："盖文章，经国之大业，不朽之盛事。年寿有时而尽，荣乐止乎其身，二者必至之常期，未若文章之无穷。"把文学提高到与经典相等的地位，促进了文学艺术的发展。

曹丕对"建安七子"加以评论，分别指出其长短，认为作家的气质会影响作品风格，"文以气为主，气之清浊有体，不可以力而致"；指出两种错误的创作态度，即"贵远贱近，向声背实"，就是尊古卑今的观点。另外，曹丕认为"文人相轻"，并从历史发展的角度指出文人互相贬损的弊习，分析了造成这种局面的原因，指出了文人间正确的相处之道。

◆ 文人相轻，自古而然。

【译文】文人互相轻视，自古以来就是如此。

◆ 文以气为主，气之清浊有体，不可力强而致。

【译文】文章是以"气"为主导的，气又有清气和浊气两种，不是可以出力气就能获得的。

◆ 夫忠臣之事主也，尊其父以重其子，奉其兄以敬其弟。故曰：爱其人者，及其屋乌。

【译文】忠义之臣侍奉君上，往往都会尊敬其父亲，也敬重其儿子；扶持其兄长，也尊敬其兄弟。因此古人说，因爱其人，也就爱其屋上之乌鸦。

◆ 盖文章，经国之大业，不朽之盛事。年寿有时而尽，乐荣止乎其身，二者必至之常期，未若文章之无穷。是以古之作者，寄身于翰墨，见意于篇籍，不假良史之辞，不托飞驰之势，而声名自传于后。

【译文】文章是关系到治理国家的伟大功业，是可以流传后世而不朽的盛大事业。人的年龄寿夭有时间的限制，荣誉欢乐也只能终于一身，二者都终止于一定的期限，不能像文章那样永久流传，没有穷期。因此，古代的作者，投身于写作，把自己的思想意见表现在文章书籍中，就不必借史家的言辞，也不必托高官的权势，而声名自然能流传后世。

96《世说新语》

《世说新语》又名《世说》，是魏晋南北朝的“志人小说”，记录魏晋名士的逸闻轶事和玄言清谈，也可以说这是一部记录魏晋风流的故事集。全书原8卷，刘峻注本分为10卷，今传本皆作上、中、下3卷，分为德行、言语、政事、文学、方正、雅量等36门，全书共1000多则，涉及政治、经济、社会、文学、思想等许多方面，记述自汉末到刘宋时名士贵族的逸闻轶事，主要为有关人物评论、清谈玄言和机智应对的故事。

刘义庆（403—444），字季伯，汉族，原籍南朝宋彭城（今江苏徐州），世居京口（今江苏镇江），南朝宋文学家。《世说新语》精于人物的刻画，涉及各类人物共1500多个。语言精练含蓄，隽永传神，因此鲁迅曾称赞《世说新语》“记言则玄远冷隽，记行则高简瑰奇”。书中不少故事，或成为后世戏曲小说的素材，或成为后世诗文常用的典故，在中国文学史上具有重要地位。

◆ 顾长康从会稽还，人问山川之美，顾云：“千岩竞秀，万壑争流，草木蒙笼其上，若云兴霞蔚。”

【译文】顾长康从会稽回来，人们问他山川的秀丽，顾长康形容说：“那里千峰竞比高，万壑争先奔流，茂密的草木笼罩其上，有如彩云涌动，霞光灿烂。”

◆ 客有问陈季方：“足下家君太丘，有何功德而荷天下重名？”季方曰：“吾家君譬如桂树生泰山之阿，上有万仞之高，下有不测之深；上为甘露所沾，下为渊泉所润。当斯之时，桂树焉知泰山之高，渊泉之深！不知有功德与无也！”

【译文】有人问陈季方：“令尊有哪些功勋和品德，而享有崇高的声望？”季方说：“我父亲好比长在泰山一角的桂树，上有万丈高峰，下有不测深渊；上受雨露浇灌，下受深泉滋润。这种情况，桂树怎么知道泰山有多高，深泉有多深呢！更不知道有没有功德了！”

◆ 谢太傅寒雪日内集，与儿女讲论文义。俄而雪骤，公欣然曰：“白雪纷纷何所似？”兄子胡儿曰：“撒盐空中差可拟。”兄女曰：“未若柳絮因风起。”公大笑乐。即公大兄无奕女，左将军王凝之妻也。

【译文】太傅谢安在一个下雪天把家人聚在一起，和儿女讲论文章。一会儿，雪下得又大又急，谢安欣然问道：“这纷纷扬扬的白雪像什么呢？”他哥哥的儿子胡儿说：“把盐撒在空中差不多可以比较。”他哥哥的女儿说：“不如比作风把柳絮吹得满天飞舞。”谢太傅高兴地笑了。这就是谢太傅大哥谢无奕的女儿，左将军王凝之的妻子谢道韫。

◆ 孙子荆年少时欲隐，语王武子“当枕石漱流①”，误曰“漱石枕流”。王曰：“流可枕，石可漱乎？”孙曰：“所以枕流，欲洗其耳。所以漱石，欲砺其齿。”

【注释】①枕石漱流：隐居山林。枕石，用石头做枕。漱流，用流水漱口。

【译文】孙子荆年轻时想隐居，告诉王武子“应当枕石漱流”，却口误说成“漱石枕流”。王武子说：“流水可以枕，石头可以漱口吗？”孙子荆说：“枕流水可以洗干净耳朵，漱石头可以磨炼牙齿。”

◆ 桓公入峡，绝壁天悬，腾波迅急，乃叹曰：“既为忠臣，不得为孝子，如何？”

【译文】桓温带兵进入三峡，看见陡峭的山崖悬挂在天，翻腾的波涛迅猛飞奔。于是叹息到：“既要做忠臣，就不能做孝子，有什么办法呢！”

◆ 卫洗马初欲渡江，形神惨悴①，语左右云：“见此芒芒，不觉百端交集②。苟未免有情，亦复谁能遣此③！”

【注释】①卫洗（xiǎn）马：卫玠（jiè），字叔宝，任太子洗马（太子的属官）。②芒芒：茫茫，形容辽阔，没有边际。②端：头绪。

【译文】太子洗马卫玠刚要渡江，面容憔悴，神情凄惨，对随从的人说："看见这茫茫大江，不觉百感交集。只要还有点感情，谁又能排遣得了这种种忧伤！"

97《古文观止》

《古文观止》是历代散文总集，由清代吴楚材、吴调侯编选，编定于康熙三十三年（1694）。“古文观止”意指文集所收录的文章代表文言文的最高水平，学习文言文至此观止矣。

该书所选古文，以散文为主，兼收韵文、骈文，全书共12卷，以年代为经，作家为纬，按照从古到今的顺序排列，选取上起先秦下至明末的名作222篇，大体反映了先秦至明末散文发展的大致轮廓和主要面貌。各篇文章篇幅长短适中，易于阅读和理解，篇目和分卷比较匀称，极宜普及和流行。

该书选文丰富多彩，篇幅较短，语言精练，便于诵读，其中不少是传诵千古的名篇。《古文观止》300年来流传极广、影响极大，在诸多古文选本中独树一帜，鲁迅先生评价《古文观止》时认为它的影响不亚于《昭明文选》。

《古文观止》虽为当时的蒙童和普通古文爱好者所选编，但一点也没有媚俗的气息。这些不朽的经典中，蕴含着丰富的历史知识、成熟的人生经验、艰深的文章美学，乃至博远的宇宙哲理。

◆ 夫天地者，万物之逆旅也；光阴者，百代之过客也。而浮生若梦，为欢几何？古人秉烛夜游，良有以也。况阳春召我以烟景，大块假我以文章。会桃花之芳园，序天伦之乐事。群季俊秀，皆为惠连；吾人咏歌，独惭康乐。幽赏未已，高谈转清。开琼筵以坐花，飞羽觞而醉月[1]。不有佳咏，何伸雅怀？如诗不成，罚依金谷酒数。

【注释】①羽觞（shāng）：中国古代一种盛酒的器具，指酒杯。

【译文】天地是万物的客舍，时间是古往今来的过客。死生之差异，就好像梦与醒之不同，风云变幻，不可究诘，得到的欢乐能有多少呢？古人夜间手持蜡烛游玩实在是有道理啊，况且春天用艳丽景色召唤我，大自然把各种美好的形象赐予我，相聚在桃花飘香的花园中，畅叙兄弟间快乐的往事。弟弟们英俊优秀，个个都有谢惠连那样的才情，而我作吟咏却惭愧不如谢灵运。清雅的赏玩兴致正雅，高谈阔论又转向清言雅语。摆开筵席来坐赏名花，快速地传递着酒杯醉倒在月光中。没有好诗，怎能抒发高雅的情怀？倘若有人作诗不成，就要按照当年石崇在金谷园宴客赋诗的先例，罚酒三斗。

◆ 盖有非常之功，必待非常之人，故马或奔踶而致千里①，士或有负俗之累而立功名。夫泛驾之马，跅弛之士②，亦在御之而已。其令州郡察吏民有茂材异等可为将相及使绝国者。

【注释】①踶（chí）：通驰，快跑。②跅（tuò）弛：放浪不羁。

【译文】大凡要建立不平凡的功业，必须要有不平凡的人来完成。所以勇猛暴烈的马却能日行千里，被世人讽议的士人能够建立功名。那些不循轨辙的骏马，行为放荡不受礼仪约束的士人，也在于难以驾驭他们而已。命令各州郡考察吏民中出类拔萃、可任将相及出使外国的优秀人才。

98《文心雕龙》

《文心雕龙》是一部理论系统、结构严密、论述细致的文学理论专著，是中国文学理论批评史上第一部有严密体系的、“体大而虑周”的文学理论专著。成书于501—502年间，全书共10卷，50篇（原分上、下部，各25篇）。作者刘勰（465？—532？），字彦和，南朝文学家。

《文心雕龙》以孔子美学思想为基础，兼采道家，认为“道”是文学的本源，圣人是文人学习的楷模，“经书”是文章的典范，把作家创作个性的形成归结为“才”“气”“学”“习”四个方面。全面总结了齐梁以前的美学成果，细致地探索和论述了语言文学的审美本质及其创造、鉴赏的美学规律，还系统论述了各种文体的特点、源流和写作遵循的基本准则，探讨了艺术构思、创作的方式方法。《文心雕龙》在中国古代文学批评和文艺理论的发展史上，具有巨大的奠基意义和深远的影响。

◆ 虽精义曲隐，无伤其正言；微辞婉晦，不害其体要。体要与微辞偕通，正言共精义并用；圣人之文章，亦可见也。

【译文】纵使精妙的意义写得曲折深隐，也并不会妨碍论述的正确；虽然文辞含蓄婉转，也并不会损害它的体察要义。体察要义和文辞含蓄是相通的，正确的论点和精妙的意义是并存的。这些在圣人的文章里都可以看到。

◆ 故练于骨者，析辞必精，深乎风者，述情必显。捶字坚而难移①，结响凝而不滞②，此风骨之力也。

【注释】①捶：通“锤”，锻击。捶字，指炼字。②结响凝：使声调有力。凝是声调有一定的力。不滞：不黏滞，指声调跟着情思变化。

【译文】所以能够锤炼文骨的，辨析文辞一定精当；能够深通文风的，表达感情一定明显。文字锤炼得确切而难于更换，声调有力而不黏滞，这是文章有风骨的力量。

◆ 文之思也，其神远矣。故寂然凝虑，思接千载；悄焉动容，视通万里；吟咏之间，吐纳珠玉之声；眉睫之前，卷舒风云之色。其思理之致乎？故思理为妙，神与物游。

【译文】文章的构思，它的想象飞翔得太遥远了。所以默默地聚精会神去思考，那念头可以接触到千年以上；悄悄地改变了脸部表情，那视线好像看到了万里以外；在吟诵中间，像发出了珠圆玉润的声音；在凝想中间，眼前就呈现出风云变幻的景象。这些不都是构思所造成的吗？所以构思的奇妙，使得精神能和外物相交接。

99《人物志》

《人物志》是一部系统品鉴人物才性的玄学著作，一部辨析、评论人物的专著人物志，也是一部研究魏晋学术思想的重要参考书。

刘邵，字孔才，广平邯郸（今河北邯郸）人，生于汉灵帝建宁年间（168—172），卒于魏齐王正始年间（240—249）。汉献帝时入仕，初为广平吏，历官太子舍人、秘书郎等。魏朝之后，曾担任尚书郎、散骑侍郎、陈留太守等。后曾受爵“关内侯”，死后谥光禄勋。

全书共3卷，18篇，书中讲述的识鉴人才之术、量能用人之方及对人性的剖析精辟深刻。作者在自序中阐述撰著目的：“夫圣贤之所美，莫美乎聪明，聪明之所贵，莫贵乎知人，知人诚智，则众材得其序而庶绩之业兴矣。”十六国时刘昞为之作注，重在“疏通大义，不沾沾于训诂，文词简括”。其后流传既久，其书自《隋书·经籍志》以后皆列于名家。

◆ 夫仁者德之基也，义者德之节也，礼者德之文也，信者德之固也，智者德之帅也。

【译文】仁为品德之基础，义为品德之节度，礼为品德之文饰，信为品德之固守，智为品德之统帅。

◆ 故一人之身，兼有英雄，乃能役英与雄。能役英与雄，故能成大业也。

【译文】所以，一人之身，既是英才，又是雄才，方能役使英才与雄才。能够役使英才与雄才，所以能成就伟大事业。

◆ 是以君子举不敢越仪准，志不敢凌轨等；内勤己以自济，外谦让以敬惧。

【译文】因此，君子的举动不敢违反既定的仪范准则，志向不敢侵凌正常的轨道等级；内心能自强不息以自我修养而达完善，对人谦让而知道谨慎敬畏。

◆ 夫聪明者英之分也，不得雄之胆，则说不行；胆力者雄之分也，不得英之智，则事不立。是故英以其聪谋始，以其明见机，待雄之胆行之；雄以其力服众，以其勇排难，待英之智成之；然后乃能各济其所长也。

【译文】凡是聪明的人，就占有英这部分了，但是没有雄的胆力就只会光说不做。有胆力的人，占得雄这部分了，但是没有英的智慧则干不了大事业。所以说英靠他的智慧谋划，他的聪明寻找机会，等待依靠雄的力量去做。雄凭借他的力量使众人顺服，凭借它的勇气排除危难，等待英的智慧相助就可以成功。然后就能互取所长。

100《人间词话》

《人间词话》，是一部文学批评著作，初刊于清光绪三十四年（1908）。作者王国维（1877—1927），字静安，号观堂，杰出学者、文论家。该书集中体现了王国维的文学、美学思想，是中国古典文艺美学历史上里程碑式的重要作品。

《人间词话》共64则，分总论和具体批评两大部分，是中国第一部将西方美学与中国古典美学融会贯通的文论著作。此书吸收了康德和叔本华的美学思想，使之与传统美学相融合，提出了一套系统的美学观。其核心思想是“境界说”，认为“词以境界为上”，还进一步提出了写境与造境、有我之境与无我之境、景语与情语、隔与不隔，以及对宇宙人生的“入乎其内”与“出乎其外”等内容，在作家修养、创作方法、写作技巧等方面也都有精辟独到的见解。

◆ 境非独谓景物也，喜怒哀乐亦人心中之一境界。故能写真景物、真感情者，谓之有境界。否则谓之无境界。

【译文】我们所谓的“境”，并非单指景物一种，喜怒哀乐也是人们心中的一种境界。所以，能写真景物、真感情的，就叫有境界；否则就是无境界。

◆ 古今之成大事业，大学问者，必经过三种之境界。“昨夜西风凋碧树，独上高楼，望尽天涯路”，此第一境也。“衣带渐宽终不悔，为伊消得人憔悴”，此第二境也。“众里寻他千百度，蓦然回首，那人却在灯火阑珊处”，此第三境也。

【译文】自古至今，能够取得大事业、做得大学问的人，无不经过三种境界：

"昨夜西风凋碧树，独上高楼，望尽天涯路"，这是第一境。"衣带渐宽终不悔，为伊消得人憔悴"，这是第二境。"众里寻他千百度，蓦然回首，那人却在灯火阑珊处"，这是第三境。

◆ 诗人对宇宙人生，须入乎其内，又须出乎其外。入乎其内，故能写之；出乎其外，故能观之。入乎其内，故有生气；出乎其外，故有高致。

【译文】诗人对待宇宙人生，必须能够深入到内部去，又必须能够跳出到外面来。深入内部去，所以才能写它；跳出外面来，所以才能观察它。深入内部去，所以有生气；跳出外面来，所以才有高致。

后记

尚友贤哲　亲近经典

中华文明有五千年之久矣！其经典文献浩如烟海，群贤先哲灿若群星，文化思想博大精深，光于前，耀于后，济时下，启未来，不唯民族之瑰宝，亦为人类之财富。故中小学开展中华优秀传统文化教育，非一时之计，乃永恒之业也。

盖论及优秀传统文化教育，凡人皆重其立德修身之教化功能，然优秀传统文化之功大矣。不唯是人生哲理、处世箴言、行为准则，亦是作文对答的绝妙好辞。故学子经常诵之咏之，思之悟之，不唯净其心、明其德、增其志，还能善其行、美其言、华其气、绣其口。于是乎传文化之基因，承精神之命脉，文质彬彬之君子立成矣。

然传统经典美则美矣，今学生读之确实不易。唯其历史悠久则常人读之费力，浩如烟海则常人不能毕览；灿若群星则常人不可穷尽；博大精深则常人不易参透。况于今时代，文化多元和信息爆炸冲击影响日甚，浸润经典者日渐稀有，快餐阅读者大行其道。成人心境浮躁而难静心品读，学子负担重而难少许诵读。故对于优秀传统文化，现代人大多知之甚少，除孔孟二圣及四书五经外，其他贤哲典籍大都几近不知。

正如在密林中穿行需要地图和坐标一样，对于传统文化的学习也需要指引。故此编写了《读百家 诵千言》和《读百书 志千载》两册书奉献给读者，以“百家”为经，让学生初步认识和了解各个时期代表性的贤哲大家；以“百书”为纬，让学生初步认识和了解各个时期代表性的经典作品，从而提供给学生一幅学习优秀传统文化的“地图”，从而激发学生更大的探索欲望和学习兴趣，培养终生热爱经典的习惯。

此次编写的《读百家 诵千言》和《读百书 志千载》与我在2010年出版的《读百诗 识千字》构成了适合低、中、高学段学生学习中华优秀传统文化的一个整体系列。因三册书名都有“百”“千”字样，故名之为“新三百千”。期望能如传统蒙学读本“三百千”那样，能惠泽于一代青少年。每想及此，每每大乐也！

孔子说自己发愤忘食、乐以忘忧。在这两年的编写期间，我大概差不多就是这个样子吧。今天终于完稿，好比千百斤重石放下，心中无比畅快。但同时我深感有愧于身边的亲人，忙于工作而疏忽了他们是我最大的遗憾。我怀念我的母亲，感恩我的父亲，感谢我的家人和亲人，谢谢你们的理解、鼓励和支持！

本书在编写中主要参考了中华书局的“中华思想经典”系列、“中华经典藏书”系列和“中华人生智慧经典”系列等，极少部分佚失的文献参考了北京联合出版公司的《群书治要精华录》。另外，还少量参考了其他出版社的相关作品，在此不一一注明，谨一并表示感谢。

本书为广州市教育系统创新学术团队成果（13C27），也得到了广州市黄埔区教育局的部分资助，特表示感谢。华南师范大学2015届文学院胡夏莉、李小雪帮助进行了文字的电脑辑录工作，一并表示感谢。

同时，非常感谢语文出版社的编辑谢惠老师。当我和她第一次电话联系后，就得到了她的积极肯定和支持。没有她的支持，这本书就不会这样快的和读者见面。

最后，我还要特别感谢本书的读者朋友们。

然由于水平有限，编写中难免有不足与疏漏之处，恳请方家不吝赐教。

曲天立
2015年6月15日